Carmen Flecks

Auf der Suche nach Psychotherapie

Bedarfsplanung für die Psychotherapie unter besonderer Berücksichtigung des Versorgungsstrukturgesetzes 2012 (GKV-VStG)

SCHRIFTENREIHE MASTERSTUDIENGANG CONSUMER HEALTH CARE

herausgegeben von Prof. Dr. Marion Schaefer

ISSN 1869-6627

10   *Stefan Prüller*
      Risiken und Nebenwirkungen auf der Spur
      Konsumentenberichte über unerwünschte Arzneimittelwirkungen als Chance für
      Krankenkassen
      ISBN 978-3-8382-0318-8

11   *Denny Lorenz*
      Development of a Standard Report for Signal Verification on Public Adverse
      Event Databases
      ISBN 978-3-8382-0432-1

12   *Kerstin Bendig*
      Risikomanagement in der Arzneimittelsicherheit
      Ansätze zur Effektivitätsbewertung von Risikominimierungsmaßnahmen in den USA und
      Europa im Vergleich
      ISBN 978-3-8382-0438-3

13   *Dirk Klintworth*
      Reporting Guidelines und ihre Bedeutung für die Präventions- und
      Gesundheitsförderungsforschung
      ISBN 978-3-8382-0448-2

14   *Judith Weigel*
      Schwangerschaft bei Frauen mit und ohne Autoimmunerkrankungen
      Ein Vergleich hinsichtlich der mütterlichen Charakteristika und des Ausgangs der
      Schwangerschaft
      ISBN 978-3-8382-0468-0

15   *Christopher Funk*
      Mobile Softwareanwendungen (Apps) im Gesundheitsbereich
      Entwicklung, Marktbetrachtung und Endverbrauchermeinung
      ISBN 978-3-8382-0493-2

16   *Carmen Flecks*
      Auf der Suche nach Psychotherapie
      Bedarfsplanung für die Psychotherapie unter besonderer Berücksichtigung des
      Versorgungsstrukturgesetzes 2012 (GKV-VStG)
      ISBN 978-3-8382-0498-7

Carmen Flecks

AUF DER SUCHE NACH PSYCHOTHERAPIE

Bedarfsplanung für die Psychotherapie unter besonderer Berücksichtigung des Versorgungsstrukturgesetzes 2012 (GKV-VStG)

ibidem-Verlag
Stuttgart

Bibliografische Information der Deutschen Nationalbibliothek
Die Deutsche Nationalbibliothek verzeichnet diese Publikation in der
Deutschen Nationalbibliografie; detaillierte bibliografische Daten sind im
Internet über http://dnb.d-nb.de abrufbar.

Bibliographic information published by the Deutsche Nationalbibliothek
Die Deutsche Nationalbibliothek lists this publication in the Deutsche Nationalbibliografie;
detailed bibliographic data are available in the Internet at http://dnb.d-nb.de.

∞

Gedruckt auf alterungsbeständigem, säurefreien Papier
Printed on acid-free paper

ISSN: 1869-6627

ISBN-13: 978-3-8382-0498-7

© *ibidem*-Verlag
Stuttgart 2013

Printed in Germany

Inhaltsverzeichnis

Zusammenfassung

In einigen Regionen der Bundesrepublik stehen nicht für alle Fachrichtungen ausreichend viele Ärztinnen und Ärzte für die Versorgung gesetzlich Versicherter zur Verfügung. Eine besondere Problematik zeigt sich bei der Versorgung mit Psychotherapie. Trotz einer Überversorgung in fast allen Planungsbezirken beträgt die Wartezeit auf einen Psychotherapieplatz bundesweit mindestens 3 Monate. Zum 01.01.2012 trat das GKV-Versorgungsstrukturgesetz (GKV_VStG) in Kraft, mit dem der Gesetzgeber dieser Entwicklung entgegentreten und neue Wege zur Sicherstellung einer flächendeckenden und bedarfsgerechten medizinischen Versorgung gehen wollte.

Ziel der Arbeit war, die Entwicklung der Versorgung mit Psychotherapie und der Bedarfsplanung unter besonderer Berücksichtigung des GKV-VStG zu untersuchen.

An Materialien wurden neben dem Gesetzestext, insbesondere die veröffentlichte Gesetzesbegründung, Anfragen der Oppositionsparteien, Stellungnahmen von Verbänden im Gesundheitswesen sowie die höchstrichterliche Rechtsprechung herangezogen.

Die Ergebnisse der Arbeit lassen sich wie folgt zusammenfassen:
In den 1960er Jahren prüfte die höchstrichterliche Rechtsprechung die Rechtmäßigkeit der gesetzlichen Bedarfsplanung allein am Grundrecht der Ärzte auf Berufsfreiheit. Heute ist für die Gerichte die Funktionsfähigkeit des Gesundheitssystems ein weiteres wesentliches Entscheidungskriterium.

---

[*] Anmerkung: Originaltitel der Masterarbeit: Versorgung mit Psychotherapie und Bedarfsplanung in Deutschland unter besonderer Berücksichtigung des Versorgungsstrukturgesetzes 2012 (GKV-VStG)

Mit dem GKV-VStG verfolgte der Gesetzgeber das Ziel eine flächende-ckende und bedarfsgerechte Versorgung mit medizinischen Leistungen sicherzustellen. Eine Bedarfsfeststellung erfolgte vorab jedoch nicht. Die Reform der Bedarfsplanung überträgt der Gesetzgeber im Wesentlichen dem Gemeinsamen Bundesausschuss. Daneben enthält weder der Ge-setzestext noch die Gesetzesbegründung Hinweise darauf, dass sich der Gesetzgeber beim GKV-VStG mit den Auswirkungen auf die Versor-gung mit Psychotherapie befasst hat. Da der Gesetzgeber beim GKV-VStG die Besonderheiten der Versorgung mit Psychotherapie nicht be-rücksichtigt hat, sind kurzfristig keine Verbesserungen für die Versicher-ten zu erwarten.

I. Einleitung

Trotz insgesamt steigender Arztzahlen stehen heute in ländlichen Regionen und sozial schwachen Gebieten in Großstädten nicht überall ausreichend viele Ärztinnen und Ärzte zur Gesundheitsversorgung der Bevölkerung zur Verfügung[1], wobei die verschiedenen Facharztgruppen in unterschiedlicher Weise betroffen sind. Die demografische Entwicklung wird bei einer weitgehenden Niederlassungsfreiheit der Ärzte die Versorgungssituation insbesondere in ländlichen Regionen in den nächsten Jahren verschärfen. Dieser Umstand hat den Gesetzgeber veranlasst, neue Wege zur Sicherstellung einer flächendeckenden und bedarfsgerechten medizinischen Versorgung der Bevölkerung einzuschlagen. Da der übliche Verteilungsmechanismus, bei dem das Angebot der Nachfrage folgt, zu einer weiteren Konzentration von Ärzten in städtischen Ballungsgebieten führen würde, soll das zum 01.01.2012 in Kraft getretene Versorgungsstrukturgesetzgesetz (GKV-VStG) neue Formen der Bedarfsplanung und der Leistungserbringung für eine flächendeckende, bedarfsgerechte ärztliche Versorgung gewährleisten.

Aufgrund der starken Zunahme diagnostizierter psychischer Erkrankungen[2] in den letzten Jahren ist die Sicherstellung der Versorgung psychisch kranker Menschen mit Psychotherapie von besonderer Bedeutung für das Versorgungsstrukturgesetz. Häufigste Diagnosen bei psychischen Erkrankungen sind unipolare Depressionen, Angststörungen und Anpassungsstörungen[3]. 31 Prozent der erwachsenen Bevölkerung im Alter

---

[1] Bundesärztekammer, Ärztemangel trotz steigender Arztzahlen – ein Widerspruch, der keiner ist, 2012

[2] BT-Drucksache 17/2662, Seite 2, Antwort der Bundesregierung auf die Kleine Anfrage von Abgeordneten der Grünen BT-Drucksache 17/2557 – Zunahme psychischer Erkrankungen

[3] Pressemitteilung der Kassenärztlichen Bundesvereinigung (KBV) vom 16.01.2012

zwischen 18 und 65 Jahren erkranken in der Bundesrepublik Deutschland jährlich an einer psychischen Erkrankung[4]. Betroffen sind damit ca. 16,5 Millionen Menschen, so dass psychische Erkrankungen mittlerweile als Volkskrankheiten gelten[5]. Im Jahr 2008 erfolgten 57.409 von insgesamt 161.265 Frühverrentungen wegen einer psychischen Erkrankung[6]. Für die Behandlung psychischer Störungen und Verhaltensstörungen entstehen an direkten Kosten rund 10 Prozent der Ausgaben im Gesundheitswesen[7]. Allein für ambulante Psychotherapien haben die gesetzlichen Krankenkassen im Jahr 2007 rund 1,16 Milliarden Euro ausgegeben. Bis zum Jahr 2010 stiegen die Ausgaben kontinuierlich auf 1,35 Milliarden[8]. Die Versorgung der Versicherten übernahmen 23.736 Psychotherapeuten, von denen 2.690 speziell Kinder und Jugendliche behandeln. Eine Therapiestunde kostete durchschnittlich 94,03 Euro. Die Krankenkassen bewilligten im Jahr 2007 insgesamt 14,36 Millionen Therapiestunden. Die Dauer der Therapie orientiert sich an den Psychotherapie-Richtlinien[9]. Für eine Verhaltenstherapie werden 45 Therapiestunden, in Ausnahmefällen auch bis zu 80 Therapiestunden bewilligt. Versicherte erhalten für eine tiefenpsychologisch fundierte Psychotherapie im Schnitt 50, in schweren Fällen bis zu 100 Therapiestunden. Am längsten dauert die analytische Psychotherapie. Sie erfordert normalerweise zwei

---

[4] Pressemitteilung der Kassenärztlichen Bundesvereinigung (KBV) vom 16.01.2012

[5] KBV-Gutachten: „Zur ambulanten psychosomatischen/psychotherapeutischen Versorgung in der kassenärztlichen Versorgung in Deutschland – Formen der Versorgung und ihre Effizienz", 2012

[6] BT-Drucksache 17/2662, Seite 1, Antwort der Bundesregierung auf die Kleine Anfrage von Abgeordneten der Grünen BT-Drucksache 17/2557 – Zunahme psychischer Erkrankungen

[7] BT-Drucksache 17/2662, Seite 1, Antwort der Bundesregierung auf die Kleine Anfrage von Abgeordneten der Grünen BT-Drucksache 17/2557 – Zunahme psychischer Erkrankungen

[8] Pressemitteilung des GKV-Spitzenverbandes vom 29.11.2011

[9] www.gba.de

bis drei Wochenstunden bei einer Gesamtdauer von 160 Stunden, in besonderen Fällen bis zu 300 Therapiestunden[10].

Circa zwei bis drei Prozent der Versicherten nehmen das psychosomatische und psychotherapeutische Versorgungsangebot der gesetzlichen Krankenversicherung in Anspruch[11]. Der nationale Gesundheitssurvey des Robert-Koch-Instituts stellte jedoch fest, dass 35 bis 50 Prozent der psychisch Kranken keine professionelle Hilfe erhalten[12]. 2006 wurden bei 11,97 von 1000 versicherten Frauen und 5,5 Prozent der versicherten Männern eine Psychotherapie genehmigt[13].

In der Regel dauert es einige Jahre, bevor psychisch Kranke überhaupt das vorhandene Versorgungsangebot nutzen[14]. Dies geschieht dann meist auf Anraten des Hausarztes oder auch in Eigeninitiative[15]. Die Gründe für die späte oder auch unzureichende Versorgung psychisch Kranker mit Psychotherapie liegen häufig beim Übergang zwischen verschiedenen Versorgungsformen. Eine unzureichende Koordination und Abstimmung ist insbesondere zwischen stationären und ambulanten

---

10 Pressemitteilung des GKV-Spitzenverbandes vom 29.11.2011

11 KBV-Gutachten: „Zur ambulanten psychosomatischen/psychotherapeutischen Versorgung in der kassenärztlichen Versorgung in Deutschland – Formen der Versorgung und ihre Effizienz", 2012

12 KBV-Gutachten: „Zur ambulanten psychosomatischen/psychotherapeutischen Versorgung in der kassenärztlichen Versorgung in Deutschland – Formen der Versorgung und ihre Effizienz", 2012; vgl dazu auch Wittchen, Jacobi, Hoyer, Die Epidemiologie psychischer Störungen in Deutschland, 2001

13 KBV-Gutachten: „Zur ambulanten psychosomatischen/psychotherapeutischen Versorgung in der kassenärztlichen Versorgung in Deutschland – Formen der Versorgung und ihre Effizienz", 2012; GEK-Report, Grobe, 2007

14 KBV-Gutachten: „Zur ambulanten psychosomatischen/psychotherapeutischen Versorgung in der kassenärztlichen Versorgung in Deutschland – Formen der Versorgung und ihre Effizienz", 2012, DAK Gesundheitsreport 2005

15 KBV-Gutachten: „Zur ambulanten psychosomatischen/psychotherapeutischen Versorgung in der kassenärztlichen Versorgung in Deutschland – Formen der Versorgung und ihre Effizienz", 2012, Seite 29

Versorgungseinrichtungen sowie zwischen Allgemeinärzten und Fachärzten/Psychotherapeuten zu verzeichnen.[16] Der Nutzen der Psychotherapie selbst ist zwischenzeitlich belegt und wird nicht mehr in Zweifel gezogen[17].

Psychotherapie wird von der Arztgruppe der Psychotherapeuten erbracht. Dazu gehören gemäß § 101 Absatz 4 Satz 1 Sozialgesetzbuch Fünftes Buch (SGB V) die überwiegend oder ausschließlich psychotherapeutisch tätigen Ärzte, die Fachärzte für Psychotherapeutische Medizin, die Fachärzte für Psychosomatische Medizin und Psychotherapie, die Psychologischen Psychotherapeuten sowie die Kinder- und Jugendpsychotherapeuten. Im Jahr 2008 waren an der vertragsärztlichen Versorgung insgesamt 1.917 Fachärzte für Psychiatrie und Psychotherapie sowie 4.684 Fachärzte für Psychosomatische Medizin und Psychotherapie (davon 2.176 ausschließlich psychotherapeutisch tätige Ärzte) tätig. Die 13.264 bundesweit zugelassenen Psychologischen Psychotherapeuten behandelten 1.050.000 Patienten[18]. Sie übernehmen damit fast 40 Prozent der ambulanten Versorgung psychisch Kranker und 73 Prozent der Langzeittherapien[19]. Daneben erfolgt die ambulante Versorgung psychisch Kranker auch in psychiatrischen Hochschulambulanzen (PIA), Hochschulambulanzen, Ausbildungsambulanzen und Spezialambulanzen.

Nach den bestehenden gesetzlichen Regelungen zur Bedarfsplanung liegt der Gesamtversorgungsgrad bei den Psychotherapeuten bundesweit bei

---

[16] KBV-Gutachten: „Zur ambulanten psychosomatischen/psychotherapeutischen Versorgung in der kassenärztlichen Versorgung in Deutschland – Formen der Versorgung und ihre Effizienz", 2012, Seite 67

[17] Universitätsklinik Leipzig, Prof. Dr. E. Brähler u.a., Ambulante Psychotherapie in Deutschland aus Sicht der PatientInnen – Versorgungssituation und Ergebnisse, 2011

[18] Pressemitteilung der Kassenärztlichen Bundesvereinigung (KBV) vom 16.01.2012

[19] Pressemitteilung der Kassenärztlichen Bundesvereinigung (KBV) vom 16.01.2012

157.9 Prozent[20]. Das bedeutet, dass die bestehende Versorgung den vom Gemeinsamen Bundesausschuss in den Bedarfsplanungsrichtlinien festgelegten Bedarf um 57,9 Prozent übersteigt. Auf Landesebene unterscheiden sich die Versorgungsgrade dabei deutlich. So ist der Versorgungsgrad in Hessen mit 204,6 Prozent am höchsten und in Sachsen mit 121,8 Prozent am niedrigsten. Noch stärker ist die Differenz der Versorgungsgrade innerhalb der bundesweit insgesamt 395 Planungsbezirke. 381 Planungsbereiche weisen eine Überversorgung aus, zwei Planungsbezirke liegen bei der Versorgung unter dem Soll, ohne dass jedoch nach der Bedarfsplanungsrichtlinie eine Unterversorgung festgestellt wurde. Eine Unterversorgung wird bei einem Versorgungsgrad von 90 Prozent angenommen. Der Planungsbereich mit dem höchsten Versorgungsgrad (584 Prozent) ist Tübingen (Baden-Württemberg), und der mit dem niedrigsten Versorgungsgrad (74,6 Prozent) ist der Landkreis Zwickauer Land (Sachsen)[21].

Die durchschnittliche Wartezeit für einen Therapieplatz liegt trotz dieser relativen Überversorgung bei vier bis fünf Monaten[22]. Viele Patienten entscheiden sich deshalb zwischenzeitlich für eine Therapie bei approbierten Psychologen oder Ärzten ohne Kassenarztzulassung, um zeitnah einen Therapieplatz zu erhalten. Für sie kann dann das Kostenerstattungsverfahrens nach § 13 SGB V greifen. Im Rahmen des Kostenerstattungsverfahrens bezahlt der Versicherte den behandelnden Arzt oder Psychotherapeuten zunächst und kann bei Erfüllung der gesetzlichen

---

[20] Ärzte-Atlas 2011, AOK, Seite 89

[21] Ärzte-Atlas 2011, AOK, Seite 89 ff

[22] KBV-Gutachten: „Zur ambulanten psychosomatischen/psychotherapeutischen Versorgung in der kassenärztlichen Versorgung in Deutschland – Formen der Versorgung und ihre Effizienz", 2012, Seite 30; Bundespsychotherapeutenkammer, Bundespsychotherapeutenkammer-Hintergrund, Wartezeiten in der ambulanten Psychotherapie, 22.06.2011

Voraussetzungen von seiner Krankenversicherung später Erstattung verlangen.

Obwohl nach den Bedarfsplanungsrichtlinien in den meisten Planungsbereichen eine Überversorgung mit Psychotherapie besteht, müssen Versicherte – unabhängig davon, ob sie in über- oder unterversorgten Gebieten leben – häufig Wartezeiten von mehreren Monaten in Kauf nehmen, bis sie einen Psychotherapieplatz finden. Gleichzeitig stehen Psychotherapeuten, insbesondere psychologische Psychotherapeuten, mit ausreichender Qualifikation zur Leistungserbringung zur Verfügung – wenngleich auch ohne Kassenzulassung. Ein großer Teil der Versorgung mit Psychotherapie erfolgt daher zwischenzeitlich im Rahmen des Kostenerstattungsverfahrens.

Die Versorgungssituation bei Psychotherapie unterscheidet sich damit grundlegend von der sonstigen ambulanten ärztlichen Versorgung.

II. Ziel und Aufgabenstellung

Im Vordergrund der Diskussion um das Versorgungsstrukturgesetz standen und stehen die Interessen der beteiligten Berufsgruppen (insbesondere der Ärzte und Institutionen (Einfluss der Bundesländer und Kassenärztlichen Vereinigungen)[23]. Die Auswirkungen der geplanten Maßnahmen auf die Versicherten und die strukturellen Veränderungen im Gesundheitssystem finden sich dagegen nur am Rande wieder.

Dies zeigt sich insbesondere auch daran, dass das Gesetz als „Versorgungsgesetz" in den Gesetzgebungsprozess ging und letztlich mit dem Namen „Versorgungs*struktur*gesetz" verabschiedet wurde.

Ziel der Masterarbeit ist es, anhand ausgewählter Beispiele die konkreten Folgen des geplanten Versorgungsgesetzes für Patienten bzw. Versicherte herauszuarbeiten. Das Hauptaugenmerk liegt dabei auf der Versorgung psychisch Kranker mit Psychotherapie.

Berücksichtigt werden auch die rechtlichen Grundsätze zur Sicherstellung der Versorgung in der Gesetzlichen Krankenversicherung sowie die dazu ergangene Rechtsprechung.

---

[23] So war beim Symposium der Deutschen Gesellschaft für Kassenarztrecht am 12.04.2011 zum Thema „Versorgungsgesetz" kein Versicherten- oder Patientenvertreter als Referent eingeladen.

III. Material und Methode

Das Versorgungsgesetz (Gesetz zur Verbesserung der Versorgungsstrukturen in der gesetzlichen Krankenversicherung – GKV-Versorgungsstrukturgesetz – GKV-VStG) liegt in der Fassung vom 22.12.2011 vor und ist am 01.01.2012 in Kraft getreten. Bereits seit Oktober 2010 fanden zwischen dem Bundesministerium für Gesundheit und den Ländern Gespräche zu den Eckpunkten des GKV-VStG statt. Im Juni 2011 lag ein erster Referentenentwurf vor. Am 16.12.2011 wurde das Gesetz nach dem zweiten Durchgang im Bundesrat verabschiedet[24]. Insbesondere die Bundespsychotherapeutenkammer und die Landespsychotherapeutenkammern haben immer wieder Studien und Informationen in das Gesetzgebungsverfahren eingebracht, die gleichfalls berücksichtigt wurden[25].

Um das Thema bearbeiten zu können wurden folgende Materialien gesichtet und den weiteren Ausführungen zu Grunde gelegt:

- Gesetz (GKV-VStG)
- Gesetzesbegründung zum GKV-VStG
- Anfragen der Oppositionsparteien zur Bedarfsplanung und Versorgungssituation
- Stellungnahmen der Verbände und Einrichtungen im Gesundheitswesen sowie
- Höchstrichterliche Rechtsprechung.

---

[24] Vgl. zu weiteren Details: Monika Konitzer, GKV-Versorgungsstrukturgesetz (GKV-VStG), 19. Deutscher Psychotherapeutentag, 12.11.2011 (Folienvortrag)

[25] So z.B. die Wartezeitstudie Bundesverband Psychotherapeuten, Online-Befragung der Stiftung-Warentest

Neben dem Gesetzestext wird insbesondere auf die Gesetzesbegründung Bezug genommen. Im Rahmen des Gesetzesvorhabens kam es zu mehreren Anfragen der Oppositionsparteien zur Bedarfsplanung und Versorgungssituation[26]. Die Antwort der Bundesregierung bietet eine umfassende Information zum Stand der Versorgung, auf die in dieser Arbeit Bezug genommen wird. Auch Stellungnahmen der Verbände und Einrichtungen im Gesundheitswesen werden in die Erörterungen mit einbezogen.

Die Gerichte haben sich in der Vergangenheit immer wieder mit der Sicherstellung der Versorgung befasst. Diese Entscheidungen werden in ihren rechtlichen und tatsächlichen Ausführungen sowie in ihren Wertungen zur Betrachtung herangezogen.

---

[26] z.B. Antwort der Bundesregierung auf Kleine Anfrage der Abgeordneten Hilde Mattheis, Bärbel Bas, Iris Gleicke, weiterer Abgeordneter und der Fraktion der SPD, Deutscher Bundestag, Drucksache 17/4643 vom 03.02.2011; Antwort der Bundesregierung auf Kleine Anfrage der Abgeordneten Maria Klein-Schmeink, Birgitt Bender, Katrin Göring-Eckhardt, weiterer Abgeordneter und der Fraktion Bündnis 90/Die Grünen, Deutscher Bundestag, Drucksache 17/2663 vom 27.07.2010

IV. Bedarfsplanung und Versorgung in Gesetz und Rechtsprechung seit 1883

1. Einleitung

Die Bedarfsplanung für die medizinische Versorgung wurde in der Vergangenheit im Wesentlichen vom Grundrecht der Berufsausübungsfreiheit und vom Berufszulassungsrecht der Ärzte geprägt. In Gesetz und Rechtsprechung findet hingegen das Recht der Versicherten auf eine angemessene Versorgung nur wenig Beachtung.

Zunächst erfolgt ein Abriss der Geschichte der ärztlichen Bedarfsplanung mit einem Blick auf die Entwicklungen in der Gesetzgebung und die höchstrichterliche Rechtsprechung. Daran anschließend folgt die Erörterung des Prinzips der Versorgungsgerechtigkeit unter Würdigung des Verfassungsrechts und ausgewählter höchstrichterlicher Rechtsprechung. Schließlich folgt eine Darstellung der Entwicklung der Psychotherapie als Leistung der Gesetzlichen Krankenversicherung und der Aufnahme der Psychologischen Psychotherapeuten als Leistungserbringer in die Gesetzliche Krankenversicherung bis zur ersten psychotherapeutischen Bedarfsplanung bei Inkrafttreten des Psychotherapeutengesetzes im Jahr 1999.

Anschließend werden die Änderungen des GKV-VStG und seine Auswirkungen auf die Versorgung mit Psychotherapie dargestellt. Zuletzt werden Wege zu einer besseren Versorgung mit Psychotherapie dargestellt.

2. Verfassungsrechtliche Grundlagen einer Bedarfsplanung ärztlicher Versorgungsleistungen

Bereits Artikel 161 der Weimarer Verfassung vom 19. August 1919 verpflichtet den Reichsstaat „zur Erhaltung der Gesundheit und Arbeitsfähigkeit, zum Schutz der Mutterschaft und zur Vorsorge gegen die wirtschaftlichen Folgen von Alter, Schwäche und Wechselfällen des Lebens (…) ein umfassendes Versicherungswesen unter maßgebender Mitwirkung der Versicherten" zu schaffen.

Mit Einführung des Grundgesetzes im Jahr 1949 wurde die Zuständigkeit des Bundes für das Gesundheitswesen in Art. 72, 74 Grundgesetz (GG) geregelt. Wesentlich für das Rechtsgut der Gesundheit ist der grundrechtliche Schutz der körperlichen Unversehrtheit in Art 2 GG. Aus dem Sozialstaatsprinzip (Art 21 GG) in Verbindung mit Art. 2 Absatz 2 Satz 1 GG folgt demnach eine Gewährleistungspflicht des Staates für eine angemessene Gesundheitsversorgung. Allerdings gesteht die Rechtsprechung des Bundesverfassungsgerichts dem Gesetzgeber eine umfassende Gestaltungsfreiheit zu[27]. Der Staat ist seiner Gewährleistungspflicht für den überwiegenden, als schutzwürdig erkannten Teil der Bevölkerung durch eine gesetzliche Pflichtversicherung nachgekommen. Den Menschen, die der Staat nicht für schutzbedürftig im engeren Sinne hält (Selbständige, Wohlhabende), hat er in weiten Teilen die Möglichkeit gelassen, sich gleichfalls in der Gesetzlichen Krankenversicherung freiwillig zu versichern oder eben privat vorzusorgen. Seit Einführung der Gesetzlichen Krankenversicherung richtet sich der Anspruch der Versicherten auf individuelle medizinische Versorgung nicht mehr an den Staat als solchen, sondern an die jeweilige Krankenkasse. In welchem Umfang ein Bedarf an medizinischer Versorgung besteht wurde bisher in Deutschland nie wissenschaftlich ermittelt. Vielmehr gilt, das jeweilige

---

[27] BVerfG (Beschluss vom 06.12.2005, Az.: 1 BvR 347/98 – so genannter „Nikolausbeschluss"

Angebot an ambulanten und stationären Gesundheitsleistungen gleich-zeitig als Bedarf.[28]

Da die Versorgung mit Psychotherapie in der Gesetzlichen Krankenver-sicherung erst im Jahr 1999 verankert wurde, wird die davor liegende Entwicklung der Versorgung und Bedarfsplanung beispielhaft an der ärztlichen Versorgung dargestellt.

3. Entwicklung der Gesetzgebung zur Bedarfsplanung von 1883 bis 1960

Vor 1883 war der privatrechtliche Behandlungsvertrag zwischen dem Arzt und jedem einzelnen Patienten Grundlage der ärztlichen Behand-lung. Einer Bedarfsplanung oder sonstiger gesetzlicher Regelungen be-durfte dieses System nicht.

1883 wurde die Gesetzliche Krankenversicherung eingeführt[29]. Sie erhielt den Auftrag, eine Versorgung der Versicherten sicher zu stellen, die sich bereits damals nach dem Sachleistungsprinzip gestaltet. Detaillierte Vor-gaben zur Sicherstellung der Versorgung gab es bei der Einführung der gesetzlichen Krankenversicherung noch nicht. Die Krankenkassen schlossen vielmehr nach Belieben mit einzelnen Ärzten privatrechtliche Verträge ab.

Im Jahr 1911[30] wurden die drei Bismarckschen Sozialversicherungsgeset-ze der Kranken-, Arbeitslosen- und Unfallversicherung in der Reichsver-sicherungsordnung (RVO) zusammengefasst. Die Verträge zwischen Arzt und Krankenversicherung blieben jedoch weiterhin privatrechtlich.

---

28 Nusken/Busse, Technische Universität Berlin, Ansatzpunkte und Kriterien der Bedarfsplanung in anderen Gesundheitssystemen, Im Auftrag der Bundesärzte-kammer, 2011
29 Gesetz über die Einführung der Krankenversicherung, 1911
30 RGBl S. 509

Eine Bedarfsplanung fand zu diesem Zeitpunkt noch keinen Einzug ins Gesetz.

Die erste Bedarfsplanung erfolgte aber immerhin im Jahr 1913. Im so genannten Berliner Abkommen vom 23. Dezember 1913 vereinbarten die Spitzenorganisationen der Krankenkassen mit den Ärzten zum ersten Mal konkrete Bedarfszahlen für die Versorgungsdichte mit Ärzten. Damit sollte die Freiheit der Krankenkassen bei der Verpflichtung von Ärzten begrenzt werden. Auf 1350 Versicherte einer Krankenkasse sollte danach ein Arzt entfallen. Sofern die Satzung der Krankenkasse eine Familienversicherung vorsah, sollten auf einen Arzt nicht mehr als 1000 Versicherte kommen.

Grundlegende Änderungen erfuhren diese Festlegungen in den Jahren 1931 und 1932. Die Zulassung der Kassenärzte erfolgte jetzt nicht mehr für jede Krankenkasse einzelnen, sondern für alle RVO-Kassen gemeinsam. Zur gleichen Zeit wurden die Kassenärztlichen Vereinigungen gegründet. Statt des einzelnen Arztes traten in Verbänden zusammengeschlossene Ärzte als Vertragspartner den Krankenkassen gegenüber. Bereits im Jahr 1900 hatten sich erstmals Ärzte im Leipziger Verbund, dem späteren Hartmannbund zusammengeschlossen, um ihre Interessen gegenüber den Kassen gemeinschaftlich und damit schlagkräftiger wahrzunehmen. Die Kassenärztlichen Vereinigungen übernahmen seit 1931 die Abrechnung der Arzthonorare und die Sicherstellung der ärztlichen Versorgung. Der Sicherstellungsauftrag wurde damit von den Krankenkassen zu den Kassenärztlichen Vereinigungen verlagert. Dies entspricht im Wesentlichen der heutigen Zuständigkeit. Auf einen Kassenarzt sollten allerdings nur noch 600 Versicherte entfallen. Im Jahr 1933[31] erlangten die Kassenärztlichen Vereinigungen die Rechtsform von Körperschaften des Öffentlichen Rechts.

In den ersten Nachkriegsjahren, letztlich bis zur Weltwirtschaftskrise 1973/74 orientierte die Gesundheitspolitik auf einen stetigen Ausbau der Gesundheitsversorgung aus, nicht zuletzt aufgrund des damaligen Wirtschaftswachstums und den daraus resultierenden hohen Einnahmen der Krankenkassen. In diese Zeit fällt auch das über Jahrzehnte für die Bedarfsplanung wegweisende Urteil des Bundesverfassungsgerichts aus dem Jahr 1960.[32]

Schon im Jahr 1955[33] hatte der geänderte § 368 RVO „um eine ausreichende ärztliche Versorgung und freie Wahl unter einer genügenden Zahl von Ärzten zu gewährleisten" festgelegt, dass in jedem Zulassungsbezirk auf 500 Kassenmitglieder ein Arzt und auf 900 Kassenmitglieder ein Zahnarzt zuzulassen sind. Die Situation von 1955 ist mit der gegenwärtigen insoweit vergleichbar, als es auch damals bereits unterversorgte ländliche Gebiete gab und Wege gesucht wurden, der Unterversorgung entgegenzuwirken. § 368 RVO und auch die Vorgängerregelung aus dem Jahr 1932 wurden jedoch 1960 vom Bundesverfassungsgericht[34] als nicht mit dem Grundgesetz vereinbar erklärt. Das Urteil des Bundesverfassungsgerichts hatte Gesetzeskraft. Nach knapp 50 Jahren fand damit das Prinzip der Bedarfsplanung, in dem einer bestimmten Anzahl von Versicherten eine bestimmte Anzahl von Ärzten zugeordnet ist ein jähes Ende. Alle Ärzte erhielten freien Zugang zur kassenärztlichen Versorgung. Eine vergleichbare Entwicklung gab es auch bei den Apotheken, für die in einem Grundsatzurteil von 1959 eine zuvor bestehende Beschränkung bei der Eröffnung neuer Apotheken aufgehoben wurde[35].

---

[31] Verordnung vom 2. August 1933, RGBl I S. 399
[32] BVerfGE vom 23.03.1960, Az.: 1 BvR 216/51
[33] Gesetz über Änderungen von Vorschriften des Zweiten Buches der Reichsversicherungsordnung und zur Ergänzung des Sozialgerichtsgesetzes (Gesetz über Kassenarztrecht – GKAR) vom 17. August 1955, BGBl I S. 513
[34] BVerfGE vom 23.03.1960, Az.: 1 BvR 216/51; Erörterung siehe unten c.
[35] Urteil des BVerfG vom 11.06.2012, Az.: 1 BvR 596/56

4. Urteil des Bundesverfassungsgerichts vom 23.03.1960, AZ.: 1 BvR 216/51

Dem Urteil des Bundesverfassungsgerichts lag eine Verfassungsbeschwerde des Marburger Bundes zugrunde. In seinem Urteil stellte das Bundesverfassungsgericht im Ergebnis fest, dass die gesetzliche Bedarfsplanung nach § 368 RVO „die durch das Zusammenwirken der Elemente Verhältniszahl, Kassenarztsitz, Ausschreibung und Zulassung nur eines Kassenarztes auf einen Kassenarztsitz gekennzeichnet ist[36]", für die Ärzte einen Eingriff in die grundrechtlich geschützte Berufsfreiheit (Art. 12 GG) bedeutete. Denn die Regelung käme einer Beschränkung der Berufswahl gleich. Dies begründete das Bundesverfassungsgericht damit, dass 80 Prozent der Menschen in der Bundesrepublik gesetzlich krankenversichert sind. Wenn ein Arzt nicht zur Versorgung der gesetzlich Versicherten zugelassen wird, könnte er sich kaum für den Beruf des freien Arztes entscheiden. Vordringliche öffentliche Interessen, die den Eingriff in Art. 12 GG rechtfertigen, konnte das Bundesverfassungsgericht seinerzeit nicht feststellen. Das Bundesverfassungsgericht ging vielmehr – entgegen den damaligen Bundes– und Landesregierungen – nicht von einer Mehrbelastung für die Krankenkassen aus, wenn sich die Ärzte unbegrenzt als Vertragsärzte niederlassen können. Es folgte auch nicht den Argumenten der Bundes- und Landesregierungen, dass eine steigende Zahl von niedergelassenen Ärzten zu einer Forderung nach Erhöhung der Gesamtvergütung und steigenden Kosten für die Krankenkassen führen würde[37]. Das Bundesverfassungsgericht unterschätzte aus heutiger Sicht betrachtet den Anstieg niedergelassener Ärzte und die dadurch verursachten steigenden Behandlungskosten und ging fälschlicherweise davon aus, dass der Markt selbst die notwendige Zahl der niedergelassenen Ärzte regeln werde. Es hielt es für ausgeschlossen, dass

---

[36] BVerfGE vom 23.03.1960, AZ.: 1 BvR 216/51 (Rdnr. 51 bei juris)

[37] BVerfGE vom 23.03.1960, AZ.: 1 BvR 216/51

Ärzte aus eigenem wirtschaftlichen Interesse mehr behandeln als medizinisch notwendig ist und sich damit die Ausgaben der Krankenkassen erhöhen (angebotsinduzierte Nachfrage).

In der Folge des Urteils orientieren sich Fragen der Bedarfsplanung und Sicherstellung der Versorgung der gesetzlich Versicherten über Jahrzehnte hinweg nie daran, wie viel medizinische Versorgung ein einzelner Mensch bzw. alle gesetzlich Versicherten gemeinsam brauchen. Die Bedarfsplanung folgt vielmehr fast ausschließlich dem Grundrecht der Ärzte auf Berufsfreiheit (Art 12 GG). Das Grundrecht der Berufsfreiheit wird dabei bis heute im Wesentlichen dahingehend ausgelegt, dass es Ärzten jederzeit möglich sein muss, an der vertragsärztlichen Versorgung der gesetzlichen Krankenversicherung teilzunehmen.

Das Urteil des Bundesverfassungsgerichts vom 23.03.1960 galt über viele Jahre als unumstößlicher Grundsatz der Bedarfsplanung, ist jedoch heute in gewisser Hinsicht überholt. Denn das Berufsfeld der Mediziner ist nicht mehr auf den niedergelassenen Arzt als Vertragsarzt beschränkt. Ganz im Gegenteil strebt eine steigende Zahl von Ärzten eine Tätigkeit in Forschung, Handel, Verwaltung, Beratung und Krankenkassen an. Die grundrechtlich geschützte Berufsfreiheit kann sich für „Ärzte" damit nicht mehr nur am Beruf des Vertragsarztes orientieren. Absolventen eines Medizinstudiums stehen heute zahlreiche andere medizinische Tätigkeitsfelder offen. Der Ärztemangel in den unterversorgten Regionen resultiert gerade auch daraus, dass Ärzte entweder in andere medizinische Berufsfelder wechseln oder sich in Regionen niederlassen, in denen gute Einkommenschancen bestehen, statt sich dort niederzulassen wo Bedarf herrscht.

Folglich kann Bedarfsplanung schon keine Frage der grundrechtlich geschützten Berufsfreiheit der Ärzte mehr sein. Bedarfsplanung muss deshalb nicht ausschließlich Rücksicht auf das Grundrecht der Berufsfreiheit für Mediziner nehmen.

5. Entwicklung der Gesetzgebung zur Bedarfsplanung 1961 bis 1986

Mitte der 1970er Jahre waren die Arztzahlen und damit auch der Versorgungsgrad pro Einwohner stark gestiegen[38]. Kamen im Jahr 1970 auf einen Arzt 616 Einwohner so waren es 1975 nur 524 und 1980 noch 452. Die Zahl der berufstätigen Ärzte stieg von 126.695 im Jahr 1970 auf 173.346 im Jahr 1980.[39] Das entspricht einem Anstieg von über 30 Prozent innerhalb von zehn Jahren. Gleichzeitig sanken die Einnahmen der Krankenkassen in Folge der in den Jahren 1973/74 einsetzenden Weltwirtschaftskrise. Trotz steigender Arztzahlen zeichnete sich jedoch bereits damals ein Ärztemangel in ländlichen Gebieten ab[40]. Die Politik reagierte in den Jahren 1975 bis 1992 auf gleichzeitigen Anstieg der Gesundheitskosten mit mehreren Kostendämpfungsgesetzen.

Das erste grundlegende Spar- und Kostendämpfungsgesetz trat am 01.07.1977 mit dem „Krankenversicherungs-Kostendämpfungsgesetz" in Kraft. Im Wesentlichen bestand es in Leistungskürzungen für Versicherte und der Einführung von Eigenbeteiligungen. Auch wurde damit die „Konzertierte Aktion" als Einrichtung zum Erlass von Leitlinien eingerichtet. Die „Konzertierte Aktion im Gesundheitswesen (KAiG)" war ein erstes Koordinierungsinstrument auf Bundesebene, das einmal jährlich Empfehlungen insbesondere über die Veränderung der ärztlichen Gesamtvergütung und die Arzneimittelhöchstbeträge abgab.

---

[38] Prof. Dr. Dr. Thomas Gerlinger und Thomas Schönwälder, Gesundheitsreformen in Deutschland 1975 – 2007, Bundeszentrale für politische Bildung, 2010

[39] Statistik der BÄK, Statistisches Bundesamt (1955-1989)

[40] Kopetsch, „Geregelt wird nur die Verteilung", Deutsches Ärzteblatt online vom 06.05.2005, www.aerzteblatt.de/aufsaetze/0505

Da zunächst die Eindämmung der Kostenentwicklung im Vordergrund stand, brachte das Kostendämpfungs-Ergänzungsgesetz vom 22.12.1981 weitere Leistungskürzungen für die Versicherten. Es folgten Gesetze[41], in deren Mittelpunkt die Konsolidierung des Staatshaushaltes, Umschichtungen innerhalb des Sozialsystems und Kostenverlagerungen auf die Versicherten im Vordergrund standen. Mittel dabei waren die Einführung der Budgetierung und Wirtschaftlichkeitsprüfungen für Leistungserbringer sowie Selbstbeteiligung und veränderte Beitragserhebung bei den Versicherten[42]. Erst mit dem Krankenversicherungs-Weiterentwicklungsgesetz von 1976[43] wagte sich der Gesetzgeber auch wieder an eine Bedarfsplanung heran. Bei genauerer Betrachtung verdiente die entsprechende gesetzliche Regelung jedoch diesen Namen nicht. Denn es wurde nicht der Bedarf an Ärzten geplant, sondern der Bestand an Ärzten im Verhältnis zur Anzahl der Einwohner der Bundesrepublik festgestellt. Soweit sich aus dieser bundesweiten Durchschnittszahl eine Über- oder Unterversorgung für einzelne Regionen ergab, konnten die Kassenärztlichen Vereinigung zusammen mit den Krankenkassen allein im Rahmen von Beratungsgesprächen und teilweise mit finanziellen Anreizen auf die Ärzte einwirken, sich in unterversorgten Regionen niederzulassen. Die Krankenkassen wurden erstmals seit 1955 wieder an der Bedarfsplanung beteiligt. Die Arztzahlen stiegen infolgedessen unkontrolliert weiter. Da jedoch die Gesamtvergütung nicht angehoben wurde,

---

[41] z.B.: „Gesetz über die Verwaltung der Mittel der Träger der Krankenversicherung" vom 15. Dezember 1979; „Gesetz zur Wiederherstellung der Wirtschaft und Beschäftigung und zur Entlastung des Haushalts (Haushaltbegleitgesetz) 1983" vom 20. Dezember 1982; Gesetz über die Maßnahmen zur Entlastung der öffentlichen Haushalte und zur Stabilisierung der Rentenversicherung sowie über die Verlängerung der Investitionshilfeabgabe (Haushaltsbegleitgesetz 1984);

[42] Dr. Bernd Braun u.a., Meilensteine der Gesundheitspolitik; www.forum-gesundheitspolitik.de /meilensteine/index.htm

[43] Gesetz zur Weiterentwicklung des Kassenarztrechts (Krankenversicherungs-Weiterentwicklungsgesetz – KVWG)

sank das Einkommen der Ärzteschaft, so dass nicht nur die Krankenkassen, sondern erstmals auch die Ärzteschaft an einer Begrenzung der zugelassenen Ärzte interessiert war.[44] Die Gerichte wurden in dieser Zeit zum Thema Bedarfsplanung jedoch von keinem der Akteure im Gesundheitswesen angerufen[45].

6. Entwicklung von 1987 bis heute

Am 01.01.1987 trat das „Gesetz zur Verbesserung der kassenärztlichen Bedarfsplanung"[46] vom 19.12.1986 in Kraft. Zweck des Gesetzes war es, die Wirtschaftlichkeit und Qualität der kassenärztlichen Versorgung in regionaler Hinsicht zu verbessern. Es ermöglichte der Selbstverwaltung von Ärzten und Krankenkassen, Zulassungsbeschränkungen für mit Ärzten überversorgte Gebiete anzuordnen[47]. Die Zulassungsbehörden konnten demnach Ärzten die Zulassung verweigern, wenn die durchschnittlichen Bedarfszahlen des Jahres 1980 um 50 Prozent überschritten wurden. Eine Verpflichtung dazu gab es jedoch nicht. Zudem mussten in mindestens 50 Prozent der Zulassungsbezirke weiterhin Ärzte zugelassen werden. Die Zulassungsbehörden konnten also maximal 50 Prozent der Zulassungsbezirke für weitere Zulassungen sperren[48]. Auch diese gesetzliche Regelung konnte keine Wirkung auf die weiterhin kontinuierlich steigenden Arztzahlen entfalten. In weiteren zehn Jahren war die Anzahl der zugelassenen Ärzte daher um nochmals über 30 Prozent auf 237.750 im Jahr 1990 gestiegen. Auf einen Arzt kamen jetzt nur noch 335 Einwohner.

---

[44] Prof. Dr. Dr. Thomas Gerlinger und Thomas Schönwälder, Gesundheitsreformen in Deutschland 1975 – 2007,Bundeszentrale für politische Bildung, www.bpb.de

[45] Eigene Recherche bei www.juris.de, Rechtsprechungsdatenbank

[46] BGBl I, 1986, S. 2541

[47] Dr. Bernd Braun u.a. unter www.forum-gesundheitspolitik.de

[48] Prof. Dr. Dr. Thomas Gerlinger und Thomas Schönwälder, Gesundheitsreformen in Deutschland 1975 – 2007,Bundeszentrale für politische Bildung, www.bpb.de

Am 01.01.1989 trat das Gesundheitsreformgesetz (GRG)[49] in Kraft. Für die Versicherten brachte es weitere Leistungseinschränkungen und höhere Zuzahlungen mit sich. Den Krankenkassen wurden hingegen stärkere Mitwirkungsrechte bei den Wirtschaftlichkeitsprüfungen von Ärzten eingeräumt. Erstmals wurde der Grundsatz der Beitragsstabilität per Gesetz eingeführt. Regelungen zur Bedarfsplanung und zur Feststellung der Versorgungssituation traf das Gesetz nicht.

Mit Wirkung zum 01.01.1993 trat das Gesundheitsstrukturgesetz (GSG)[50] in Kraft und verschärfte die bisherigen Regelungen zur Bedarfsplanung aus dem Jahr 1987 deutlich. In diesem Gesetz wurden die Zulassungsausschüsse erstmals verpflichtet bei einer bestehenden Überversorgung regional keine weiteren Zulassungen mehr zu erteilen. Die alte Regelung, wonach 50 Prozent der Zulassungsbezirke „offen" bleiben mussten, d. h. dass hier in jedem Fall Zulassungen erteilt werden mussten, wurde damit aufgegeben. Eine Überversorgung lag bereits vor, wenn in einem Planungsbezirk die bundesdurchschnittliche Arztdichte um 10 Prozent überschritten wurde. Ärzte, die älter als 68 Jahre waren, durften keinen Vertragsarztsitz mehr innehaben. Die Kostensenkung im Gesundheitswesen sollte damit insbesondere auch mit der Begrenzung der Arztzahlen erreicht werden. Der Gesetzgeber führte erneut eine an fixen Verhältniszahlen orientierte Bedarfsplanung ein. Im Gegensatz zu der im Jahr 1960 für verfassungswidrig erklärten gesetzlichen Regelung handelte es sich jedoch bei der Regelung des GSG nicht um eine absolute, sondern lediglich um ein örtliche Zulassungsbeschränkung für Ärzte. Das Ergebnis war keine Beschränkung der Ärztezahl, sondern eine Regulierung ihrer Verteilung innerhalb des Bundesgebietes. Die Zuständigkeit für die Bedarfsplanung lag beim Gemeinsamen Bundesausschuss, der sich aus Vertretern der Kassenärztlichen Vereinigung und der Kranken-

---

[49] Bundesgesetzblatt, I 1988, S. 2477
[50] Gesundheitsstrukturgesetz (GSG) vom 21.12.1992), BGBl. I S. 2266,

kassen(verbände) zusammensetzt und der dafür eine Richtlinienkompetenz erhielt. Der tatsächliche Bedarf wurde indes wiederum weder definiert noch festgestellt, sondern als identisch mit der bestehenden Versorgungssituation erklärt – als bedarfsgerecht galt damit die bestehende Versorgungstruktur.

Die GKV-Reform aus dem Jahre 2000 war schwerpunktmäßig präventiv ausgerichtet. Die Versorgung mit Psychotherapie wurde dabei jedoch an keiner Stelle berücksichtigt.[51]

Das Gesetz zur Änderung des Vertragsarztrechts (Vertragsarztänderungsgesetz – VÄndG)[52] trat am 01.01.2007 in Kraft. Die Altersgrenze von 55 Jahren für die Zulassung als Vertragsarzt bzw. von 68 für die Zulassungsbeendigung wurde in unterversorgten Gebieten wieder aufgehoben. Das Gesetz brachte zudem zahlreiche Änderungen zur Erleichterung der Leistungserbringung für Ärzte, unter anderem die Möglichkeit Ärzte anzustellen und Teilzulassungen auszusprechen.

Mit dem Gesetz zur Weiterentwicklung der Organisationsstrukturen in der gesetzlichen Krankenversicherung – GKV-OrgWG[53]; fiel die Altersgrenze für Vertragsärzte vollständig. Ärzte, Zahnärzte und Psychotherapeuten können seither auch nach Vollendung des 68. Lebensjahres als Vertragsarzt tätig sein.

Der Gesetzgeber favorisierte also im gesamten dargestellten Zeitraum anstelle einer versorgungsorientierten Bedarfsplanung lediglich umverteilende Maßnahmen, die insbesondere auf restriktive Regelungen der ärztlichen Vergütung, Budgetierungen und Wirtschaftlichkeitsprüfungen

---

[51] Hans-Joachim Schwarz, Das Psychotherapeutengesetz aus Sicht der Psychologischen Psychotherapeuten in: Vertragsarztrecht zu Beginn des 21. Jahrhunderts, Hrsg.: Deutsche Gesellschaft für Kassenarztrecht, 2010
[52] BGBl. I, 6578, 2006
[53] BGBl. I, 6578, 2006

setzte. In den 1980er Jahren konnte der ärztlichen Überversorgung und dem damit verbundenen Anreizsystem zur Leistungsausweitung der dramatischen Kostenexplosion bei den Gesetzlichen Krankenkassen damit jedoch nicht (mehr) entgegengewirkt werden. Letztlich versorgte ein Arzt durchschnittlich nur noch 315 Einwohner[54]. In Folge der Gesetzesänderungen hatten sich die Sozialgerichte und das Bundesverfassungsgericht immer wieder mit Einzelfragen der Zulassung zu befassen und diese zu entscheiden. Nachfolgend werden einige maßgebliche Entscheidungen dargestellt, die sich insbesondere mit der Thematik der Bedarfsplanung befassten.

6.1 (Altersbeschränkung für Vertragsärzte (Urteil des Bundessozialgerichts vom 24.11.1993, BSGE 73, 223)

Der klagende Arzt wehrte sich gegen die Regelung des Gesundheitsreformgesetzes (GRG), wonach Ärzten nach dem 55. Lebensjahr die Zulassung verwehrt ist. Das Bundessozialgericht wertete diese Regelung verfassungsrechtlich als eine Beschränkung der Berufswahlfreiheit, die nur mit Allgemeininteressen gerechtfertigt werden kann, die so schwer wiegen, dass sie den Vorrang vor der ungehinderten beruflichen Entfaltung der Ärzte verdienen[55]. Entsprechende Allgemeininteressen sah das Bundessozialgericht in der vom Gesetzgeber dargelegten drohenden Gefährdung der finanziellen Stabilität der gesetzlichen Krankenversicherung durch weiter steigende Arztzahlen. Nach den Feststellungen des Bundessozialgerichts ist der Beitragssatz der Krankenkassen von 8,2 Prozent im Jahr 1970 auf 12,6 Prozent im Jahr 1992 gestiegen. Das Bundessozialgericht sah insbesondere in den stark steigenden Arztzahlen und dem Prinzip der anbieterinduzierten Nachfrage die Ursache für den Kostenanstieg. Der mit der Altersbeschränkung einhergehende Eingriff in die ärzt-

---

[54] Bundestag Drucksache 12/3608, S. 96 ff
[55] BVerfGE 61, 291, 311; 77,84,106)

liche Berufsfreiheit ist bereits deshalb gerechtfertigt, da er eine finanzielle Überforderung der Beitragszahler der gesetzlichen Krankenversicherung verhindert. Immerhin sind ca. 90 Prozent der Bevölkerung gesetzlich krankenversichert. Insbesondere die bisherige Bedarfsplanung hält das Bundessozialgericht für keine ausreichende Maßnahme, die Kosten des Gesundheitswesens zu regulieren. Die grundrechtlich geschützte Berufsfreiheit der Ärzte darf damit wegen des höherwertigen gesellschaftlichen Erfordernisses eines funktionierenden und bezahlbaren Gesundheitswesens eingeschränkt werden.

Das Bundessozialgericht wendet sich damit gegen die Rechtsprechung des Bundesverfassungsgerichts aus dem Jahre 1960 und stellt das gesellschaftliche Interesse an einer funktionierenden und finanzierbaren Gesundheitsversorgung damit über das Grundrecht der Ärzte auf Berufsfreiheit.

6.2 Örtliche Zulassungsbeschränkungen bei der Bedarfsplanung (Urteil des Bundessozialgericht vom 18.03.1998, AZ.: B 6 KA 37/96, BSGE 82, 41)

Dem Urteil lag ein Fall zugrunde, in dem die klagende Ärztin im September 1993 einen Antrag zur Eröffnung einer Arztpraxis im Januar 1994 gestellt hatte. Der Antrag wurde wegen der in dem Zulassungsbezirk bestehenden Überversorgung abgelehnt. Die Klägerin rügte eine Verletzung ihres Grundrechts auf Berufsfreiheit aus Art. 12 GG im Hinblick auf die Regelungen des GSG[56] zur Zulassung von Ärzten zur vertragsärztlichen Versorgung.

Das Bundessozialgericht wandte die Rechtsprechung des Bundesverfassungsgerichts aus dem Jahr 1960 nicht auf das GSG an, da die Regelung des GSG keine starren Verhältniszahlen enthalte. Stattdessen regele das

---

[56] Siehe oben

GSG lediglich örtliche Zulassungsbeschränkungen, und es verblieben in jedem Fall Zulassungsbereiche, in denen sich Ärzte niederlassen können. Anders als das Bundesverfassungsgericht im Jahr 1960 sah das Bundessozialgericht im Jahr 1998 in den Zulassungsregelungen des GSG nicht die Freiheit der Berufswahl, sondern die Freiheit der Berufsausübung betroffen. Zur Rechtfertigung der Einschränkung der Berufsfreiheit hielt es das Bundessozialgericht für ausreichend, dass diese aufgrund der Erwägungen des Gemeinwohls gerechtfertigt seien und dem Grundsatz der Verhältnismäßigkeit entsprechen. Die finanzielle Stabilität und Funktionsfähigkeit der Gesetzlichen Krankenversicherung betrachtet das Bundessozialgericht als tragfähige Grundlage zur Rechtfertigung von örtlichen Zulassungsbeschränkungen. Es begründete dies mit der Intention des Gesetzgebers, der „dramatischen finanziellen Entwicklung der gesetzlichen Krankenversicherung entgegenzuwirken sowie mit dem zwischenzeitlich wissenschaftlich[57] belegten Nachweis, wonach mit wachsender Arztzahl zugleich die Nachfrage nach medizinischen Leistungen steige (angebotsinduzierte Nachfrage).

Das Bundessozialgericht hat in diesem Urteil auch erneut betont, dass die Bedarfsplanung und die Erstellung diesbezüglicher Richtlinien durch den Bundesausschuss der Ärzte und Krankenkassen verfassungskonform sind. Die Rechtsprechung aus dem Jahr 1993 zur Berufsfreiheit wurde entsprechend weiterentwickelt. Das Bundessozialgericht hat sich damit wiederum von der Rechtsprechung des Bundesverfassungsgerichts aus den 1960er Jahren abgewandt.

---

[57] Enquete-Kommission des 11. Deutschen Bundestages „Strukturreform der gesetzlichen Krankenversicherung" [1990]: Strukturreform der gesetzlichen Krankenversicherung. Endbericht. Bd. 2. Bonn.

6.3 Vollzeittätigkeit in der Bedarfsplanung (Urteil des Bundessozialgerichts vom 17.11.1999, AZ.: B 6 KA 15/99, B 6 KA 28/99, B 6 KA 29/99, B 6 KA 30/99)[58]

Strittig war, ob der klagende Vertragsarzt, der als Mund-, Kiefer- und Gesichtschirurg (MKG-Chirurg) zur vertragsärztlichen Versorgung zugelassen ist, auch die Zulassung als Vertragszahnarzt beanspruchen kann.

Der Zulassungsausschuss der Zahnärzte lehnte die Zulassung als Vertragszahnarzt ab, da nach § 20 Abs 1 Zulassungsverordnung für Vertragszahnärzte (Zahnärzte-ZV) der Zahnarzt im Wesentlichen mit voller Arbeitskraft für die vertragszahnärztliche Versorgung zur Verfügung stehen müsse. Diese Auslegung der Bestimmung ergebe sich aus dem Zusammenhang mit der 1980 eingeführten Bedarfsplanung und den 1993 geschaffenen Zulassungsbeschränkungen. Hier werde jeder Vertragszahnarzt als vollzeitig tätig mit dem Faktor 1 berücksichtigt. Bei einer gleichzeitigen Zulassung als Vertragsarzt sei diese Voraussetzung nicht erfüllt.

Das Bundessozialgericht schloss sich dieser Argumentation des Zulassungsausschusses nicht an. Zum einen sei der Beruf des MKG-Chirurgen gerade durch die Notwendigkeit zur Doppelzulassung gekennzeichnet. Weiter äußerte sich das Bundessozialgericht umfassend zum Umfang der Tätigkeit im Rahmen der Bedarfsplanung eines Vertragsarztes:

> (...) Anders als dem früheren Zulassungssystem liegt dem 1993 eingeführten nicht die Annahme zugrunde, daß jeder zugelassene Arzt bzw. Zahnarzt mit voller Arbeitskraft arbeite. Die heutigen Verhältniszahlen (§ 101 Abs 1 Satz 1 Nr 1 SGB V) gehen als Basis von den Arzt- und Zahnarztzahlen am 31. Dezember 1990 aus (§ 101 Abs 1 Satz 3 SGB V), so daß – entsprechend dem Versorgungsstand in diesem Zeitpunkt –

---

[58] Vgl. dazu Wolfgang, Engelhard, Probleme des Zugangs zum System der gesetzlichen Krankenversicherung in: Vertragsarztrecht zu Beginn des 21. Jahrhunderts, Hrsg.: Deutsche Gesellschaft für Kassenarztrecht, 2010

eine Vielzahl nicht mit voller Arbeitskraft tätiger Ärzte und Zahnärzte eingerechnet ist. Ein weiterer Unterschied des heutigen Zulassungssystems gegenüber dem früheren ergibt sich daraus, daß heute nicht flächendeckend die Zulassung nach Maßgabe der Verhältniszahlen beschränkt ist. Es handelt sich vielmehr um eine versorgungsgradabhängige Bedarfsplanung mit nur örtlichen Zulassungssperren und einer ausreichenden Mindestzahl nicht gesperrter Planungsbereiche (§ 101 Abs 2 Satz 1 Nr 3 SGB V). (…). Die Ansicht, der Arzt bzw Zahnarzt müsse sich im wesentlichen mit seiner vollen Arbeitskraft der vertrags(zahn)ärztlichen Versorgung widmen, läßt sich auch nicht durch den Hinweis auf die Verpflichtung zur Sicherstellung der vertrags(zahn)ärztlichen Versorgung gemäß § 75 Abs 1 Satz 1 SGB V rechtfertigen. Es ist nicht gesetzlich vorgegeben, die Sicherstellung gerade dadurch zu erreichen, daß nur Ärzte und Zahnärzte zugelassen werden, die sich nicht nur mit der üblichen, sondern im wesentlichen mit voller Arbeitskraft der vertrags(zahn)ärztlichen Versorgung widmen. Vielmehr sehen die rechtlichen Bestimmungen ein differenziertes Instrumentarium zur Sicherstellung der vertrags(zahn)ärztlichen Versorgung vor.

Das Bundessozialgericht bestätigt damit, dass ein Arzt im Rahmen der Zulassung als Vertragsarzt der Versorgung Versicherter im „üblichen Umfang" zur Verfügung stehen muss und äußert sich nicht bezüglich einer Stundenzahl. Das Urteil kann als Aufforderung an den Gesetzgeber verstanden werden, den zeitlichen Umfang für die Tätigkeit im Rahmen eines Vertragsarztsitzes festzulegen.

6.4 Altersgrenze für Kassenärzte (Beschluss des Bundesverfassungsgerichts vom 20.03.2001, AZ.: 1 BvR 491/96)[59]

Der Beschluss des Bundesverfassungsgerichtes befasst sich mit der Verfassungsmäßigkeit der mit dem GRG[60] eingeführten Altersgrenze für niedergelassene Ärzte. Danach erhalten Ärzte nach Vollendung des 55. Lebensjahres keine Erstzulassung als Vertragsarzt mehr. Das Bundesverfassungsgericht sieht in dieser Regelung einen Eingriff in das Berufsrecht der Ärzte, gleichzeitig aber auch einen Beitrag zur Vermeidung unge-

---

[59] Vorhergehend Bundessozialgericht, Urteil vom 24.11.1993, Az.: 6 RKa 26/91
[60] Siehe oben

rechtfertigter Mehrausgaben der gesetzlichen Krankenversicherung, die mit der steigenden Anzahl von Ärzten einhergehen (angebotsinduzierte Nachfrage). Die Abkehr vom Kassenarzturteil aus dem Jahr 1960 begründet das Bundesverfassungsgericht mit der Verdreifachung der Arztzahl im Zeitraum von 1960 bis 1996. Es räumt dem Kostenaspekt im Gesundheitswesen und der Funktionsfähigkeit der gesetzlichen Krankenversicherung nunmehr ein erhebliches Gewicht bei gesetzgeberischen Entscheidungen ein. Zwischen den Zeilen ist zu lesen, dass auch das Bundesverfassungsgericht zur Erhaltung der Funktionsfähigkeit keinen anderen Weg sieht, als die Arztzahl und damit die Berufsfreiheit der Ärzte zu beschränken. Andere Maßnahmen des Gesetzgebers zur Erhaltung der Funktionsfähigkeit des Gesundheitswesens sieht das Bundesverfassungsgericht als gescheitert an und wendet sich damit selbst von seiner Rechtsprechung aus den 1960er Jahren ab.

6.5 Bedarfsplanung nach §§ 99 ff SGB V in der Fassung des GSG (Nichtannahmebeschluss des Bundesverfassungsgerichts vom 27.04.2001, AZ.: 1 BvR 1282/99)

Gegenstand der Verfassungsbeschwerde eines Arztes waren die Regelungen zur Bedarfsplanung und Ärztezulassung der §§ 99 ff SGB V in der Fassung des Gesundheitsstrukturgesetzes. Unter Verweis auf sein Urteil vom 20.03.2001 hat das Bundesverfassungsgericht die Verfassungsbeschwerde nicht angenommen und in seinem Nichtannahmebeschluss nochmals betont, dass das Grundrecht der Freizügigkeit (Art. 11 GG) nicht berührt wird, wenn sich Ärzte nicht an jedem Ort in der Bundesrepublik als Vertragsarzt niederlassen können. Berührt werde jedoch das Grundrecht der Ärzte auf Berufsfreiheit (Art. 12 GG) Einen verfassungswidrigen Eingriff in das Grundrecht der Berufsfreiheit sieht das Bundesverfassungsgericht dennoch nicht. Dazu führt es zusammenfassend aus:

„Die Sicherung der finanziellen Stabilität und damit der Funktionsfähigkeit der gesetzlichen Krankenversicherung ist ein Gemeinwohlbeitrag von hinreichendem Gewicht. Auch im Übrigen sind die Anforderungen an Zulassungsbeschränkungen erfüllt. Neben der Gesundheitsversorgung der Bevölkerung, die das Bundesverfassungsgericht in ständiger Rechtsprechung als besonders wichtiges Gemeinschaftsgut bezeichnet hat (…), hat gerade im Gesundheitswesen der Kostenaspekt für gesetzgeberische Entscheidungen erhebliches Gewicht. Die Stabilität der gesetzlichen Krankenversicherung ist für das Gemeinwohl anerkanntermaßen von hoher Bedeutung (…).

Soll die Gesundheitsversorgung der Bevölkerung mit Hilfe eines Sozialversicherungssystems erreicht werden, stellt auch dessen Finanzierbarkeit einen überragend wichtigen Gemeinwohlbelang dar, von dem sich der Gesetzgeber bei der Ausgestaltung des Systems und bei der damit verbundenen Steuerung des Verhaltens der Leistungserbringer leiten lassen darf (…). "

Das Bundesverfassungsgericht begründet seine Entscheidung wiederum mit dem Prinzip der angebotsindizierten Nachfrage und wendet sich damit endgültig von seiner Rechtsprechung aus den 1960er Jahren ab.

6.6 Zusammenfassung der Rechtsprechung zur Bedarfsplanung

Die Rechtsprechung des Bundesverfassungsgerichts und des Bundessozialgerichts hat sich weg vom reinen Berufsschutz der Ärzte (Art 12 GG) und hin zum Schutz der wirtschaftlichen Funktionsfähigkeit der Krankenversicherung und (finanziellen) Sicherstellung der Versorgung entwickelt.

Es ist für die höchstrichterliche Rechtsprechung nicht mehr entscheidend, dass 90 Prozent der Patienten für den Arzt nur dann als „Kunden" in Betracht kommen, wenn dieser Zugang zur Gesetzlichen Krankenversicherung hat. Vielmehr ist ausschlaggebend, dass die Belastungen der Gesetzlichen Krankenversicherung von 90 Prozent (und damit der breiten Mehrheit) der Bevölkerung getragen werden muss.

V. Staatliche Verpflichtung zur Gewährleistung einer Gesundheitsversorgung

1. Einleitung

Bei der Bedarfsplanung und der weiteren Gestaltung der Gesundheitsversorgung steht dem oben dargestellten Grundrecht der Ärzte auf Berufsfreiheit (Art. 12 GG) das Grundrecht der Versicherten auf Leben
und körperliche Unversehrtheit (Art. 2 Absatz 2 Satz 1 GG) gegenüber.
Nicht nur Art. 2 Absatz 2 Satz 1 GG, sondern auch das Sozialstaatsprinzip verpflichten den Staat, eine angemessene Gesundheitsversorgung zu
gewährleisten. Konkrete Regelungen, wie die Gesundheitsversorgung
auszugestalten ist, enthält das Grundgesetz jedoch nicht. Die Gesetzge-
bungskompetenz für den Bereich der Gesundheitsversorgung und damit
die genaue Ausgestaltung überträgt das Grundgesetz in Art. 74 Absatz 1
Nr. 12 dem Bund. Der Bundesgesetzgeber hat sich mit dem Sozialgesetzbuch V (Krankenversicherung) für eine Pflichtversicherung entschieden und damit seinen Versorgungsauftrag auf die Gesetzlichen
Krankenkassen und die privaten Krankenversicherungen übertragen. Im
Bereich der vertragsärztlichen Versorgung, zu der auch die Versorgung
mit Psychotherapie zählt, obliegt der Sicherstellungsauftrag nach § 75
SGB V zwar den Kassenärztlichen Vereinigungen, jedoch wirken die
Krankenkassen im Rahmen der Gremienarbeit der Selbstverwaltung daran mit.[61]

Die derzeitigen Diskussionen zur Gesundheitsversorgung aus Versicher-
tensicht kreisen im Wesentlichen um zwei Fragen, nämlich wie eine an-

---

[61] Prof. Astrid Wallrabenstein, Vortrag am 12.04.2011 vor der Deutschen Gesellschaft für Kassenarztrecht; ZMGR 4/2011, Seite 197 ff

gemessene Versorgung definiert werden kann, zum anderen, ob bundesweit ein einheitlicher Versorgungsstandard gewährleistet werden muss.[62]

2. Zur Definition einer angemessenen Versorgung

Den Umfang der Leistungspflicht der Gesetzlichen Krankenversicherung gegenüber ihren Versicherten regelt zunächst § 2 Absatz 1 SGB V:

> *„Die Krankenkassen stellen den Versicherten die im 3. Kapitel genannten Leistungen unter Beachtung des Wirtschaftlichkeitsgebots (§ 12) zur Verfügung, soweit diese Leistungen nicht der Eigenverantwortung der Versicherten zugerechnet werden. (…) Qualität und Wirksamkeit der Leistungen haben dem allgemeinen anerkannten Stand der medizinischen Erkenntnisse zu entsprechen und den medizinischen Fortschritt zu berücksichtigen. "*

Dieser allgemein formulierte Anspruch der Versicherten auf medizinische Versorgung verweist zur weiteren Konkretisierung auf das Wirtschaftlichkeitsgebot in § 12 SGB V:

> *„Die Leistungen müssen ausreichend, zweckmäßig und wirtschaftlich sein; sie dürfen das Maß des Notwendigen nicht überschreiten. Leistungen, die nicht notwendig oder unwirtschaftlich sind, können Versicherte nicht beanspruchen, dürfen die Leistungserbringer nicht bewirken und die Krankenkassen nicht bewilligen. "*

Diese Regelungen[63] definieren allgemein den Umfang der Versorgung, den der Staat im Rahmen seines Versorgungsauftrages für die Versicherten vorsieht, d.h. die Versorgung bezieht sich auf das Notwendige nach

---

[62] Prof. Astrid Wallrabenstein, Vortrag am 12.04.2011 vor der Deutschen Gesellschaft für Kassenarztrecht

[63] Vgl. auch für das Verhältnis zwischen Leistungserbringern und Krankenkassen entsprechende Regelung des § 70 SGB V: „Die Krankenkassen und die Leistungserbringer haben eine bedarfsgerechte und gleichmäßige, dem allgemein anerkannten Stand der medizinischen Erkenntnisse entsprechende Versorgung der Versicherten zu gewährleisten. Die Versorgung der Versicherten muss ausreichend und zweckmäßig sein, darf das Maß des Notwendigen nicht überschreiten und muss in der fachlich gebotenen Qualität sowie wirtschaftlich erbracht werden."

dem allgemein anerkannten Stand der medizinischen Erkenntnisse. Dabei handelt es jedoch sich um unbestimmte und damit auslegungsbedürftige Rechtsbegriffe. Deren Ausgestaltung liegt aber nicht nur in der Hand der jeweiligen Regierung. Vielmehr entscheiden letztlich die Gerichte über den Anspruch einzelner Versicherter, indem sie die unbestimmten Rechtsbegriffe auslegen, und zwar selbst dann, wenn der Gemeinsame Bundesausschuss bereits Richtlinien im Sinne des § 135 SGB V erlassen hat.[64]

Zusammenfassend ist festzustellen, dass sich der Versorgungsanspruch des einzelnen Versicherten gegenüber seiner Krankenversicherung direkt aus der Verfassung ergibt.[65] Eine allgemeingültige, konkrete Bestimmung des Versorgungsumfangs existiert damit nicht[66]. Der Leistungsumfang und die Qualität der Versorgung werden vielmehr im Einzelfall von der Rechtsprechung des Bundesverfassungsgerichts anhand der Auslegung des Grundrechts auf Leben und körperliche Unversehrtheit bestimmt.

3. Gewährleistung einer bundesweit einheitliche Versorgung

Art. 72 Absatz 2 GG verpflichtet den Gesetzgeber, einheitliche Lebensverhältnisse im gesamten Bundesgebiet zu schaffen. Art. 3 GG verlangt als Folge der für alle Menschen gleichen Versicherungspflicht auch eine für alle grundsätzlich gleiche Versorgung. In Übereinstimmung mit dem

---

[64] Ulrich Wenner, Engpässe bei der medizinischen Versorgung ambulanter Patienten aus Sicht des Richters, Zeitschrift für Evidenz, Fortbildung und Qualität im Gesundheitswesen, 104 (2010) 378-385; Herbert Wartensleben, Engpässe bei der Versorgung ambulanter Patienten – aus der Sicht des Anwalts, Zeitschrift für Evidenz, Fortbildung und Qualität im Gesundheitswesen 104 (2010) 375-378

[65] Prof. Astrid Wallrabenstein, Vortrag am 12.04.2011 vor der Deutschen Gesellschaft für Kassenarztrecht

[66] Prof. Dr. Volker Neumann, Das medizinische Existenzminimum, Neue Zeitschrift für Sozialrecht, 2006, Seite 393 ff

Verfassungsrecht findet sich dieser Grundsatz auch in dem zwischen den Krankenkassen vereinbarten morbiditätsorientierten Risikostrukturausgleich und insbesondere in dem 2012 eingeführten bundesweit einheitlichen Beitragssatz wieder. Demnach müsste zwischen den Akteuren im Gesundheitswesen Einigkeit darüber bestehen, dass bundesweit in der Gesetzlichen Krankenversicherung ein einheitlicher Versorgungsstandard geschaffen und erhalten werden muss. Auch das der gesetzlichen Krankenversicherung zugrunde liegende Solidarprinzip verpflichtet den Staat zur Versorgungsgerechtigkeit.[67]

Wenn in dünn besiedelten, ländlichen Gebieten lange Wege zur Inanspruchnahme medizinischer Versorgung in Anspruch genommen werden müssen oder längere Wartezeiten bestehen, muss dies jedoch noch nicht bedeuten, dass der Staat seiner Verpflichtung zur Schaffung einer bundesweit einheitlichen Versorgung nicht nachkommt. Dies kann schon deshalb nicht als Feststellung getroffen werden, da es keinen einheitlichen Anspruch auf eine bestimmte Versorgung gibt.[68]

Zusammenfassend ist zu konstatieren, dass die Versorgungsgerechtigkeit grundsätzlich erst dann nicht mehr gegeben ist, wenn in einer Region keine medizinischen Leistungen mehr in Anspruch genommen werden können.[69]

---

[67] Prof. Astrid Wallrabenstein, Vortrag am 12.04.2011 vor der Deutschen Gesellschaft für Kassenarztrecht
[68] Siehe oben
[69] Prof. Astrid Wallrabenstein, Vortrag am 12.04.2011 vor der Deutschen Gesellschaft für Kassenarztrecht

4. Leistungspflicht der gesetzlichen Krankenversicherung für Behandlung außerhalb des gesetzlichen Behandlungskatalogs (Beschluss des Bundesverfassungsgerichts vom 06.12.2005, AZ.: 1 BvR 347/98)[70]

Das Bundesverfassungsgericht hatte über die Verfassungsbeschwerde eines an einer seltenen Krankheit (Duchenne'sche Muskeldystrophie) leidenden gesetzlich Versicherten zu entscheiden. Der Versicherte rügte die Verletzung seines Grundrechts auf Handlungsfreiheit (Art. 2 Absatz 1 GG) und appellierte an die Schutzpflicht des Staates für das Leben (Art 2 Absatz 2), da seine gesetzliche Krankenkasse die Kostenübernahme für die Behandlung mit einer Bioresonanztherapie abgelehnt hatte. Die Krankenkasse begründete die Ablehnung damit, dass die Bioresonanztherapie nicht zum Leistungskatalog der gesetzlichen Krankenversicherung zählt, der vom Gemeinsamen Bundesausschuss der gesetzlichen Krankenversicherung erstellt wird. Ausgehend von der Problematik des Vorenthaltens von Leistungen machte das Bundesverfassungsgericht in diesem Urteil grundsätzliche Ausführungen zur Leistungsverpflichtung der gesetzlichen Krankenversicherung, die auch für die Bedarfsplanung von Interesse sind sowie zur staatlichen Verantwortung infolge der Versicherungspflicht die die wirtschaftliche Handlungsfreiheit der Versicherungspflichtigen stark einschränkt:

> *„Ein solcher Eingriff bedarf der Rechtfertigung durch eine entsprechende Ausgestaltung der ausreichenden solidarischen Versorgung, die die Versicherten für deren Beitrag im Rahmen des Sicherungszweckes des Systems zu erbringen haben. (…) Es bedarf daher einer besonderen Rechtfertigung vor Art. 2 Absatz 1 GG in Verbindung mit dem Sozialstaatsprinzip, wenn dem Versicherten Leistungen für die Behandlung einer Krankheit (…) vorenthalten werden".*[71]

---

[70] Siehe oben sog. „Nikolaus-Beschluss"

[71] Vgl. BVerfGE 97, 271, 286 zu gesetzlicher Rentenversicherung

Dabei ist es nach Ansicht des Bundesverfassungsgerichts nicht zu beanstanden, dass die gesetzliche Krankenversicherung den Versicherten Leistungen nach Maßgabe eines allgemeinen Leistungskatalogs (§ 11 SGB V) nur unter Beachtung des Wirtschaftlichkeitsgebots zur Verfügung stellt. Denn gerade im Gesundheitswesen habe der Kostenaspekt für gesetzgeberische Entscheidungen erhebliches Gewicht[72] und die gesetzlichen Krankenkassen sind nicht von Verfassungs wegen gehalten, alles zu leisten, was an Mitteln zur Erhaltung oder Wiederherstellung der Gesundheit verfügbar ist[73]. Der Gesetzgeber hat folglich die Möglichkeit, zur Sicherung der Qualität der Leistungserbringung im Interesse einer Gleichbehandlung der Versicherten und zum Zweck der Ausrichtung der Leistungen am Gesichtspunkt der Wirtschaftlichkeit, entsprechende Maßnahmen zu bestimmen. Bei lebensbedrohlichen Krankheiten bedarf dies jedoch einer besonderen Rechtfertigung durch den Gesetzgeber.

Das Bundesverfassungsgericht legt in diesem Beschluss Grundregeln zur Bestimmung des Leistungsumfangs der gesetzlichen Krankenversicherung fest, die auch auf die Bedarfsplanung Anwendung finden müssten.

5. Einführung des Basistarifs und Sicherstellung des Krankenversicherungsschutz (Beschluss des Bundesverfassungsgerichts vom 10.06.2009)[74]

Das GKV-Wettbewerbsstärkungsgesetz[75] führte eine Krankenversicherungspflicht für alle Einwohner Deutschlands zum 01.01.2009 ein. Private Krankenversicherungsunternehmen sahen sich in ihrer Berufsfreiheit betroffen, da sie nun einem Kontrahierungszwang unterlagen und

---

[72] Vgl. auch oben BVerfGE vom 20.03.2001
[73] Vgl. auch Beschluss des BVerfG vom 05.03.1997, NJW 1997, S. 3085
[74] BVerfGE, Az.: 1 BvR 706/08, 1 BvR 814/08, 1 BvR 819/08, 1 BvR 832/08, 1 BvR 837/08
[75] BGBl. I, 2007, 5692

Verträge anbieten mussten, die in Art, Umfang und Höhe den Leistungen der gesetzlichen Krankenversicherung vergleichbar sind. Das Bundesverfassungsgericht hatte dabei auch zu Inhalt und Umfang des Sozialstaatsgebotes bei der Gesundheitsversorgung in Form einer Pflicht zur Notversorgung in der gesetzlichen Krankenversicherung Stellung zu beziehen. Es führte dazu aus:

> *„Die Bundesregierung weist zutreffend darauf hin, dass die Erstreckung der Krankenversicherungspflicht auf die gesamte Bevölkerung bei einem zweigliedrigen System von gesetzlicher und privater Krankenversicherung notwendig Regeln verlangt, welche eine Inanspruchnahme von Fürsorgeleistungen in beiden Systemen auch in sozial problematischen Fällen verhindern. Deshalb ist die Krankenversorgung in Notfallsituationen in beiden Säulen sicherzustellen."*

Das Bundesverfassungsgericht spricht von einem „Zwang zur Notfallversorgung". Im Rahmen der Bedarfsplanung kann damit die Notfallversorgung als geringste Voraussetzung der Versorgung im Rahmen einer Bedarfsplanung gesehen werden.

6. Versorgungsqualität (Urteil des Bundessozialgerichts vom 23.05.1984, AZ.: 6 RKa 5/83)

Das Bundessozialgericht hatte einen Fall zu entscheiden, in dem ein Krankenhausarzt zur kassenärztlichen Versorgung zugelassen werden wollte. Die Beteiligung von Krankenhausärzten an der vertragsärztlichen Versorgung setzte nach § 368a RVO voraus, dass sie notwendig ist, um eine ausreichende ambulante ärztliche Versorgung zu gewährleisten, d.h. es musste eine Versorgungslücke bestehen. Der Krankenhausarzt selbst sah die Versorgungslücke darin bestehen, dass die niedergelassenen Ärzte keine vergleichbare Qualifikation auf dem Gebiet der Mammographie hatten. Mit Blick auf die damals geltenden Regelungen des §§ 368 Absatz 3, 358e und 368g Absatz 1 RVO entschied das Bundessozialgericht, dass den „Versicherten und ihren Familienangehörigen eine bedarfsgerechte und gleichmäßige ärztliche Versorgung in zumutbarer Entfernung unter Berücksichtigung des jeweiligen Standes der medizinischen Wissenschaft und Technik sowie die Möglichkeit der Rationalisierung und Modernisierung zur Verfügung zu stellen" sei. Maßstab für die kassenärztliche Versorgung ist damit nicht das wissenschaftliche Niveau des besonders hoch qualifizierten Krankenhausarztes. Konkret ist eine Versorgungslücke also nicht schon dann anzunehmen, „wenn die ärztlichen Leistungen der niedergelassenen Ärzte nicht diesem hohen Niveau entsprechen". In seinem Urteil vom 14.07.1993, nach Inkrafttreten des Gesundheitsstrukturgesetzes vom 21.12.1992, bestätigte das Bundessozialgericht diese Rechtsprechung. Es führte aus, dass „besondere Kenntnisse und Erfahrungen, die ein Krankenhausarzt aufweist, erst dann zu einer Ermächtigung für die ambulante Versorgung führen können, wenn sie sich in einem besonderen Leistungsangebot niederschlagen, das von den niedergelassenen Ärzten nicht oder nicht ausreichend abgedeckt wird.

Zusammenfassend haben die Versicherten danach nur Anspruch auf eine durchschnittliche Versorgung, nicht jedoch auf eine überdurchschnittliche auch bezüglich der Qualifikation.

7. Zulassung eines Psychotherapeuten zur Verbesserung der Versorgung der Versicherten in einem nach der Bedarfsplanungsrichtlinie überversorgtem Zulassungsbezirk (Urteil des Hessischen Landessozialgerichts vom 13.07.2011, AZ.: L 4 KA 1/09)[76]

Der klagende Psychotherapeut begehrte die Zulassung für eine Zweigpraxis in einer Stadt X ohne Psychotherapeutische Praxis in einem an-

---

[76] Zur Revision beim Bundessozialgericht wegen der besonderen Bedeutung der Angelegenheit zugelassen, jedoch noch nicht entschieden

sonsten überversorgten Gebiet. Psychotherapeuten mit freien Behandlungskapazitäten befinden sich in zwei 15 km entfernten Nachbarstädten. Nach § 24 Absatz 3 Satz 1 Ärzte-ZV kann eine Zweigpraxis zugelassen werden, wenn mit der Zweigpraxis die Versorgung der Versicherten verbessert wird. Zwischen den Beteiligten ist jedoch streitig, wann eine Verbesserung der Versorgung vorliegt und welche Kriterien zu berücksichtigen sind.

Das Landessozialgericht führt dazu aus, dass eine Verbesserung der Versorgung der Versicherten vorliegt, wenn sich das Angebot oder die Erreichbarkeit der Versorgung verbessert. Das Landessozialgericht hat in diesem Zusammenhang entschieden, dass bei der Erreichbarkeit nicht allein die reine Fahrtzeit mit öffentlichen Verkehrsmitteln zum nächsten Psychotherapeuten in der Nachbarstadt zur berücksichtigen ist (hier: 20 bis 50 Minuten). Den reinen Busfahrzeiten sind noch „An- und Abmarschwege sowie Wartezeiten" hinzuzurechnen. Der Aufwand für eine psychotherapeutische Sitzung summiert sich dabei nach den Feststellungen des Landessozialgerichts in der Stadt X für die beantragte Zweigpraxis schnell auf mehr als 3 Stunden. Weiter sind nach Auffassung des Landessozialgerichts die Besonderheiten der psychotherapeutischen Behandlung zu berücksichtigen. Zu den Besonderheiten zählt der wöchentliche Behandlungsturnus über mehrere Monate oder Jahre. Aus der Sicht des Landessozialgerichts stellt es demzufolge bereits eine Verbesserung der Versorgung im Sinne des § 24 Ärzte-ZV dar, wenn die Anfahrtszeiten der Versicherten zur Psychotherapiesitzung verringert werden.

8. Zusammenfassung

Zusammenfassend ist festzustellen, dass Umfang und Inhalt der Gewährleistung der Versorgung der Versicherten letztlich anhand der unbestimmten Rechtsbegriffe durch die Gerichte erfolgt. Weder das Gesetz

noch die Vereinbarungen der Selbstverwaltungsorgane im Gesundheitswesen (vgl. Ärzte-ZV) enthalten für den Versicherten verbindliche und
nachvollziehbare Regelungen.

VI. Versorgung mit Psychotherapie von 1949 bis 1998

1. Einleitung

Zwischen der Versorgung psychisch Kranker mit Psychotherapie und der sonstigen ambulanten medizinischen Versorgung durch Vertragsärzte bestehen bedeutende Unterschiede, die Auswirkungen auf die Bedarfsplanung und die Versorgung der Versicherten mit Psychotherapie haben. Sie werden nachfolgend dargestellt.

Die Psychotherapie stellt eine kontinuierliche ein- bis zwei Mal wöchentliche Behandlung über einen meist langen Zeitraum – oft über Jahre – dar. Die ambulante ärztliche Behandlung findet zumeist[77] unregelmäßig, punktuell und über einen kürzeren Zeitraum statt.

Der Psychotherapeut muss die Behandlung in allen Therapieschritten selbst erbringen und kann in der Regel nicht wie andere Ärzte einzelne Leistungen (Blutentnahmen, Infusionen) an Praxispersonal delegieren oder die Patienten an Heil- und Hilfsmittelerbringer (z.B. Physiotherapie, Orthopädietechniker) überweisen.

Die psychotherapeutische Leistung ist in Zeitmaße von 50 Minuten Dauer eingeteilt und wird auch entsprechend abgerechnet. Ein Psychotherapeut kann damit innerhalb eines Quartals nur eine begrenzte Anzahl von Leistungen (Therapiestunden) erbringen und abrechnen. Bei einem Arzt hingegen sind die abrechenbaren Leistungen weitgehend unabhängig vom Zeitfaktor. Der Arzt kann selbst bestimmen, wie viele Patienten er innerhalb von 50 Minuten behandelt und welche Leistungen er in diesem Zeitraum persönlich erbringt, delegiert oder verschreibt. Das Prin-

---

[77] Anderes kann bei bestimmten chronischen Krankheiten gelten

zip der angebotsinduzierten Nachfrage findet damit auf die psychotherapeutische Leistungserbringung keine Anwendung. Aus diesem Grund ist
die Gefahr von Abrechnungsmanipulationen im Bereich der psychotherapeutischen Leistungserbringung geringer als bei Ärzten allgemein ein-
zustufen.

Eine Besonderheit zu Beginn einer Psychotherapie bei einem psychologischen Psychotherapeuten ist das so genannte Konsiliarverfahren nach
§§ 28 Absatz 2 Satz 2, 92 Absatz 6a SGB V. Danach muss vor Beginn
der Psychotherapie ein Arzt abklären, ob beim Versicherten eine somati-
sche Erkrankung vorliegt bzw. ausschließen, dass dies der Fall ist. Bei
ärztlichen Psychotherapeuten ist diese nicht erforderlich, da die Abklä-
rung etwaiger somatischer Erkrankungen ohnehin zu ihrer Aufgaben
und Befugnissen gehört. § 73 Absatz 2 Satz 2 SGBV schließt darüber
hinaus die psychologischen Psychotherapeuten von wesentlichen Inhal-
ten der vertragsärztlichen Verordnung aus. Dazu zählen insbesondere die
Verordnung von Heil- und Hilfsmittel und Rehabilitationsmaßnahmen
sowie das Ausstellen einer Bescheinigung über Arbeitsunfähigkeit. Dafür
muss der Versicherte nach wie vor einen Vertragsarzt aufsuchen[78].

Die Psychotherapie unterscheidet sich von anderen Behandlungsformen
auch wegen der Bestimmungen zum Antrags- und Gutachterverfahren
(vgl. § 92 Absatz 6a SGB V in Verbindung mit der Rechtsverordnung
des Gemeinsamen Bundesausschusses). Diese Bestimmungen gelten dabei sowohl für ärztliche als auch für psychologische Psychotherapeuten.

Organisatorisch gestaltet sich die Versorgung mit Psychotherapie für die
Psychotherapeuten einfacher als die sonstige ambulante Versorgung.
Psychotherapeuten haben regelmäßig keine Mitarbeiter für den Emp-
fang. Auch werden vergebene Termine in der Regel eingehalten, da die

---

[78] Vgl. dazu Forderungen des Bundesverbandes der Psychotherapeuten

Dauer einer Therapiestunde im Gegensatz zu der Behandlungszeit bei einem Hausarzt genau bestimmbar ist.

2. Entwicklung der Versorgung mit Psychotherapie von 1958 bis 1999

Bereits 1958[79] entschied das Bundessozialgericht, dass auch psychische Erkrankungen wie Neurosen und Kriegsleiden Krankheiten im Sinne der Reichsversicherungsordnung sind. Die darauf basierenden Urteile des Bundessozialgerichts[80] waren entscheidend für die Etablierung der Psychotherapie in der ambulanten Versorgungsstruktur der Bundesrepublik[81]. Auch Süchte wurden 1968 vom Bundessozialgericht[82] als Krankheit anerkannt, so dass ab diesem Zeitpunkt deren Behandlung durch die gesetzliche Krankenversicherung erstattet wurde.

1965 wurden in einer Studie des „Zentralinstituts für psychogene Erkrankungen" der AOK Berlin die Wirksamkeit und das Kosteneinsparpotential der analytischen Psychotherapie untersucht. In der Folge beschloss der Bundesausschuss der Ärzte und Krankenkassen am 3. Mai 1967 die Richtlinien über die „tiefenpsychologisch fundierte und analytische Psychotherapie in der kassenärztlichen Versorgung"[83]. 1967 wurde die analytische Psychotherapie eine Leistung der gesetzlichen Krankenversicherung.

---

[79] Urteil des Bundessozialgerichts vom 23.10.1958
[80] Urteil vom 16.03.1962; Urteil vom 07.04.1962; Urteil vom 01.07.1964
[81] Benedikt Waldherr, Ein Vierteljahrhundert bis zum Psychotherapeutengesetz, Bayerisches Ärzteblatt, März 2003
[82] Urteil vom 16.03.1962; Urteil vom 07.04.1962; Urteil vom 01.07.1964
[83] KBV-Gutachten: „Zur ambulanten psychosomatischen/psychotherapeutischen Versorgung in der kassenärztlichen Versorgung in Deutschland – Formen der Versorgung und ihre Effizienz", 2012

Die Durchführung der Psychotherapie war jedoch Ärzten vorbehalten. Psychologen ohne abgeschlossenes Medizinstudium waren als Leistungserbringer für die Behandlung mit Psychotherapie in der gesetzlichen Krankenversicherung ausgeschlossen. Bereits 1957 hatte die Ärzteschaft vorsorglich die Zusatzbezeichnung „Psychotherapie" in ihre Weiterbildungsordnung aufgenommen, 1978 folgte die Zusatzbezeichnung „Psychoanalyse".

Die Einführung der Psychotherapie als Leistung der gesetzlichen Krankenversicherung führte zu einer Sicherstellungsproblematik. Denn die Zahl der zugelassenen Vertragsärzte mit psychotherapeutischer Qualifikation reichte nicht aus, um den entstandenen Bedarf zu decken. 1972 wurde deshalb das sogenannte Delegationsverfahren eingeführt, um Diplom-Psychologen unter dem generellen Arztvorbehalt in die psychotherapeutische Behandlung einzubeziehen. Das Delegationsverfahren ist eine besondere Form der Zusammenarbeit zwischen Arzt und nichtärztlichem Therapeuten. Dabei wird der nichtärztliche Therapeut nach ärztlicher Indikationsstellung und Grundentscheidung über das Therapieverfahren zur Behandlung herangezogen. Die Verantwortung für die Durchführung der Psychotherapie blieb hinsichtlich ihrer Zweckmäßigkeit, Notwendigkeit und Wirtschaftlichkeit (§ 12 SGB V) beim Arzt[84]. Für die nichtärztlichen Therapeuten wurden bestimmte Qualifikationsvoraussetzungen geschaffen, wie z. B. das Erfordernis einer Ausbildung in einem anerkannten Ausbildungsinstitut. Dennoch äußerte das Bundesverfassungsgericht bereits im Jahr 1988 Zweifel daran, ob die Einbeziehung von Psychologen zur Erbringung psychotherapeutischer Leistungen in das System der gesetzlichen Krankenversicherung vermittelt durch das Delegationsverfahren befriedigend sei[85].

---

[84] BVerfGE vom 10.05.1988, Az.: 1 BvL 8/82, 1 BvL 9/82, Rdrn. 4
[85] BVerfGE vom 10.05.1988, Az.: 1 BvL 8/82, 1 BvL 9/82, Rdrn. 36

Gleichfalls 1972 wurde als komprimierte und damit zeitsparende Form der Psychoanalyse die „tiefenpsychologisch fundierte Psychotherapie" als Leistung der Gesetzlichen Krankenversicherung entwickelt, damit die vorhandenen Kapazitäten ausreichten.

1975 forderte die Psychiatrie-Enquete der Bundesregierung in ihrem Bericht „Zur Lage der psychiatrischen und psychotherapeutisch-psychosomatischen Versorgung in der Bundesrepublik" neben der psychiatrischen eine psychotherapeutisch-psychosomatische Versorgung und eine Regelung für den neuen Beruf des nichtärztlichen Psychotherapeuten. Dennoch scheiterte 1978 die Einführung eines Psychotherapeutengesetzes an der fehlenden sozialrechtlichen Anerkennung des neuen Berufes und dem Widerstand der Ärzteschaft, die damit ihre Monopolstellung auch für die Behandlung mit Psychotherapie zementierten.

1980 erbrachten die Ersatzkassen neben den psychoanalytischen Therapieverfahren die Verhaltenstherapie vorübergehend als Leistung im Rahmen der gesetzlichen Versorgung. Die Ersatzkassen übertrugen dabei das Gutachter- und Delegationsverfahren der psychoanalytischen Therapien auf die Verhaltenstherapie. Erst 1983 wurde die Verhaltenstherapie als Leistung aller Gesetzlichen Krankenkassen eingeführt.

Der Versorgung mit Psychotherapie blieb, trotz Einführung des kürzeren Therapieverfahrens der tiefenpsychologischen Gesprächstherapie unzureichend, so dass die Techniker Krankenkasse im Nachgang zu einem Modellversuch mit dem Bund der Psychotherapeuten (BDP) ein Genehmigungsverfahren mit Kostenerstattung außerhalb des von der Kassenärztlichen Vereinigung im Rahmen ihres Sicherstellungsauftrag geschaffenen Versorgung anstrebte. Andere Kassen folgten diesem Beispiel und boten ihren Versicherten psychotherapeutische Behandlung im Erstattungsverfahren an. Mitte der 1990er Jahre wurde die Hälfte der

Psychotherapieverfahren im Kostenerstattungsverfahren erbracht. Rechtsgrundlage für die Kostenerstattung war § 13 Absatz 3 SGB V.

Bereits 1983 stellte das Bundesverwaltungsgericht[86] fest, dass es sich bei der psychotherapeutischen Tätigkeit um eine Ausübung der Heilkunde handelt. Da die psychologischen Psychotherapeuten nicht wie Ärzte über eine Befugnis zur Ausübung der Heilkunde verfügen, folgerte das Bundesverwaltungsgericht weiter, dass sie hilfsweise einer Zulassung als Heilpraktiker nach dem Heilpraktikergesetz (HPG) bedürfen. Das Bundesverwaltungsgericht forderte die Einführung einer gesetzlichen Regelung für die psychotherapeutische Tätigkeit vom Gesetzgeber und griff dafür zunächst auf das HPG zurück. Das Bundesverfassungsgericht bestätigte diese Rechtsprechung 1988[87].

1992 wurde der Vorschlag der Psychiatrie-Enquete aus dem Jahr 1975 umgesetzt und der Facharzt für Psychosomatische Medizin und Psychotherapie (heute: Psychotherapeutische Medizin) eingeführt. Nochmals 13 Jahre später (im Jahr 2005) wurde im Einheitlichen Bewertungsmaßstab (EBM) für den ambulanten Bereich ein Kapitel Psychosomatische Medizin und Psychotherapie aufgenommen.

1993 scheiterte die Einführung eines Psychotherapeutengesetzes erneut. Bis Mitte der 1990er Jahre wurde etwa die Hälfte der psychotherapeutischen Versorgung im Kostenerstattungsverfahren erbracht. Im Oktober 1996 schränkte das Landessozialgericht Nordrhein-Westfalen[88] das Kostenerstattungsverfahren massiv ein und erklärte damit die reguläre Kostenerstattung bei psychotherapeutischen Behandlungen für unzulässig.

---

[86] Urteil des BVerwG vom 10.02.1983, AZ.: 3 C 21/82
[87] BVerfG, Urteil vom 10.05.1988, Az.: 1 BvR 482/84
[88] Urteil des LSG NRW

3. Bedarfsplanung und Versorgung psychisch kranker Menschen nach 1999

Das Gesetz über die Berufe des psychologischen Psychotherapeuten und des Kinder- und Jugendpsychotherapeuten vom 16.06.1998, das so genannte Psychotherapeutengesetz, trat mit Wirkung zum 01.01.1999 in Kraft[89]. Das Gesetz sieht ein Integrationsmodell für nichtärztliche Psychotherapeuten in die ärztliche Behandlung von Patienten (§ 28 SGB V) und das System der gesetzlichen Krankenversicherung vor (§72 Absatz 1 Satz 2 SGB V). Die Psychotherapie wird damit zur ambulanten Krankenbehandlung der gesetzlichen Krankenversicherung. Leitgedanke des Gesetzes war die einheitliche Regelung der Leistungserbringung von Psychotherapie, unabhängig vom Grundberuf des Behandlers. Das Gesetz regelte die Aufnahme der psychologischen Psychotherapeuten und Kinder- und Jugendpsychotherapeuten in das System der Gesetzlichen Krankenversicherung. Die Psychotherapeuten konnten damit eigenständig tätig werden und wurden neben den Ärzten gleichberechtigte Mitglieder der Kassenärztlichen Vereinigungen. Für die Versicherten bedeutete dies eine Erweiterung ihrer Wahlmöglichkeiten bei den Leistungserbringern (§ 76 SGB V). Das Berufsrecht der Psychologischen Psychotherapeuten orientierte sich in der Folge an der Bundesärzteordnung. So ist für die Befugnis zur Ausübung der Psychotherapie eine Approbation erforderlich, die die psychologischen Psychotherapeuten mit erfolgreich abgeschlossenem Studium der Psychologie und einer anschließenden Zusatzausbildung[90] mit staatlicher Prüfung erhalten. Mit der Approbation werden sie verpflichtet, zunächst bei einem Vertragsarzt etwaige so-

---

[89] Gesetz über die Berufe des Psychologischen Psychotherapeuten und des Kinder- und Jugendpsychotherapeuten (PsychThG), BGBl 1998 Teil I, Nr. 36

[90] bei Psychologen beträgt die Ausbildungszeit 4200 Stunden und ist im Psychotherapeutengesetz detailliert geregelt; für Ärzte beträgt die Ausbildungszeit in Abhängigkeit vom der angestrebten Facharztbezeichnung zwischen 500 und 2500 Stunden und ist in der Weiterbildungsordnung der Ärzte geregelt

matische Ursachen der psychischen Beschwerden des Patienten abzuklären (Konsiliarverfahren)[91].

Der Gesetzgeber verband mit dem Psychotherapeutengesetz verschiedene Ziele und Hoffnungen[92]. Positiv für die Versicherten ist das Erstzugangsrecht zu einem psychologischen Psychotherapeuten ohne den bisher erforderlichen Umweg über einen Vertragsarzt. Der Abbau des Versorgungsdefizits und eine wohnortnahe Versorgung wurden dennoch bis heute nicht erreicht.

Der Zugang der Versicherten zur Psychotherapie wurde dadurch deutlich erleichtert und die ambulante psychotherapeutische Versorgung erfuhr eine Leistungsausweitung.

Als die psychologischen Psychotherapeuten 1999 im System der Gesetzlichen Krankenversicherung aufgenommen wurden, wurde das seit 1993 für Ärzte bestehende System der Bedarfsplanung auf die Psychotherapeuten übertragen. Dazu wurde der Bundesausschuss verpflichtet, bundesweite Verhältniszahlen für die Bedarfsplanung auf Basis der Zahlen der ärztlichen und nichtärztlichen Psychotherapeuten am 1. Januar 1999 festzulegen. Neben den bereits zugelassenen psychotherapeutisch tätigen Ärzte waren dabei die diejenigen psychologischen Psychotherapeuten zu berücksichtigen, die am 31. Dezember 1998 die krankenversicherungsrechtlichen und berufsrechtlichen Voraussetzungen für die Zulassung erfüllt und die Approbation dem Zulassungsausschuss bis zum 31. März 1999 nachgewiesen und bereits an der psychotherapeutischen Versorgung der Versicherten im Delegationsverfahren oder im Wege der Kostenerstattung teilgenommen hatten[93].

---

[91] Siehe oben

[92] Gesetzesbegründung für Psychotherapeutengesetz

[93] Zu den Details vgl. Hans-Joachim Schwarz, Das Psychotherapeutengesetz aus Sicht der Psychologischen Psychotherapeuten in: Vertragsarztrecht zu Beginn des

Der Gesetzesbegründung des Psychotherapeutengesetzes ist zur eingeführten Bedarfsplanung im Jahr 1999 zu entnehmen[94]:

*„Eine bedarfsunabhängige Zulassung erhalten allerdings nur diejenigen Psychotherapeu-
ten, die darüber hinaus in der Zeit vom 25.06.1994 bis zum 24.06.1997 bereits an der
ambulanten Versorgung der Versicherten der gesetzlichen Krankenversicherung im Delegationsverfahren oder im Wege der Kostenerstattung teilgenommen haben, wobei diese
Teilnahme nicht für den gesamten Zeitraum verlangt wird. Gemeint sind die Leistungserbringer, die in der Vergangenheit in niedergelassener Praxis an der psychotherapeutischen Versorgung der Versicherten teilgenommen, unter anderem daraus ihr Erwerbs-
einkommen erzielt haben, und für die es deshalb eine unbillige Härte darstellt, wenn sie
nach Inkrafttreten des Gesetzes nur noch bedarfsanhängig an der Versorgung der Versicherten teilnehmen, d.h. sich nur in nicht gesperrten Gebieten niederlassen dürfen. Im Gegensatz dazu ist es gerechtfertigt, den Personenkreis, der erst nach dem 24.06.1997, dem
Tag der Einbringung des Gesetzentwurfs im Deutschen Bundestag, an der ambulanten
Versorgung der Versicherten der gesetzlichen Krankenversicherung teilgenommen hat, auf
die – bedarfsabhängige – Niederlassung in nicht gesperrten Planungsbereichen zu verwei-
sen. "*

Diesen Ausführungen ist zu entnehmen, dass der Gesetzgeber bereits bei
Einführung der Bedarfsplanung für die Psychotherapie davon ausging,
dass es schon bei der anfänglichen Bedarfsplanung, die tatsächlich ja auf
der Feststellung der tatsächlichen Versorgungssituation bestehen sollte,
eine Überversorgung gab bzw. Planungsbereiche gesperrt sind. Der Gesetzgeber war damit der Ansicht, dass seine eigene Bedarfsplanung nicht
dem tatsächlichen Versorgungsbedarf entsprechen würde. Weiter ergibt
sich daraus, dass die Versorgung nicht am Bedarf der Versicherten, sondern an der Absicherung der psychologischen Psychotherapeuten orientiert war. Dies ist formal rechtlich nicht nachvollziehbar. Beim Delegationsverfahren und dem Verfahren der Kostenerstattung handelte es sich
um gesetzlich nicht legitimierte Praktiken der Krankenkassen um einem
über Jahrzehnte bestehenden Systemversagen entgegen zu wirken. Eine

---

21. Jahrhunderts, Hrsg.: Deutsche Gesellschaft für Kassenarztrecht, 2010
[94] BT-Drucksache 13/9212, Seite 40 zu § 95 Absatz 10 SGB V

schutzwürdige Position haben die psychologischen Psychotherapeuten damit jedoch nicht erworben[95].

Mit diesem Vorgehen bei der Bedarfsfeststellung wurde die Versorgungssituation, die unter unklaren gesetzlichen Regelungen und für die Versicherten schwierigem Zugang zur Versorgung wegen des Erstattungs- und Delegationsverfahren als Bedarf festgeschrieben. Die Feststellungen betrafen nur die tatsächlichen Behandlungszahlen. Eine Bedarfsfeststellung im Sinne einer Auswertung von Versichertendaten oder Erhebungen erfolgte nicht. Vielmehr wurde die vorhandene Versorgung wurde als Bedarf definiert. Im Ergebnis wurde ein „Bedarf" von einem Psychotherapeuten auf 2.577 Einwohner einer Großstadt bzw. 23.106 in ländlichen Gebieten festgestellt[96]. Der Gesetzgeber ging davon aus, dass die Zulassungsausschüsse zum gewählten Stichtag (01. Juli 1999) alle bis zum 31. März 1999 gestellten Zulassungs- und Ermächtigungsanträge entschieden haben[97]. In der Anlaufphase von zehn Jahren[98] zur Integration der Psychotherapeuten in die vertragsärztliche Versorgung wird den psychotherapeutisch tätigen Ärzten und den Psychotherapeuten jeweils ein bestimmter Versorgungsanteil (mindestens 40%) gesichert, damit beide Berufsgruppen in einem zahlenmäßig ausgewogenen Verhältnis an der psychotherapeutischen Versorgung der Versicherten teilnehmen können. Das hat zur Folge, dass in einem gesperrten Planungsbereich (Versorgungsgrad über 110 Prozent) dennoch psychotherapeutisch tätige

---

[95] Landessozialgericht Nordrhein-Westfalen, Beschluss vom 14.07.1999, Az.: L 11 B 34/99;a.A. Sozialgericht München, Beschluss vom 28.07.1999, S 38 KA 857/99 ER; vgl. auch BVerfG, Beschluss vom 28.07.1999, 1 BvR 1006/99; zum Ganzen: Wolfgang Engelhard, Probleme des Zugangs zum System der gesetzlichen Krankenversicherung in: Vertragsarztrecht zu Beginn des 21. Jahrhunderts, Hrsg.: Deutsche Gesellschaft für Kassenarztrecht, 2010
[96] Tätigkeitsbericht der Psychotherapeutenkammer 2007 bis 2011, Seite 10
[97] BT-Drucksache 13/8035, S. 22
[98] Zunächst war eine Übergangsphase von nur fünf Jahren geplant, vgl BT-Drucksache 13/8035, S. 22

Leistungserbringer zugelassen werden können, sofern die für sie geltende Quote noch nicht ausgeschöpft ist. Dahingegen erhalten in überversorgten, d. h. gesperrten Planungsbereich Leistungserbringer, deren Quote ausgeschöpft ist, grundsätzlich keine Zulassung (nur z. B. bei Sonderbedarf nach § 101 SGB V).[99] Dieses Vorgehen wurde gewählt, da während des Gesetzgebungsverfahrens keine zuverlässigen Daten zur zahlenmäßigen Stärke und dem Verhältnis von psychotherapeutisch tätigen Ärzten und Psychologen vorlagen. Mit der Quote sollte verhindert werden, dass zu Beginn der Bedarfsplanung einzelne Planungsbereiche zufällig einen zu großen Anteil an den Zulassungen erhielten[100]. Dies hatte zur Folge, dass zum 31.12.2006 mehr als drei Mal so viele psychologische Psychotherapeuten als ärztliche Psychotherapeuten tätig waren. Noch im Jahr 2006 waren 30 Prozent der für ärztliche Psychotherapeuten reservierten Plätze nicht besetzt[101]. Diese Form der Bedarfsplanung schrieb somit die Versorgungssituation fest, die sich aus einem grauen Markt mit unkontrolliertem Erstattungsverfahren und Delegationsverfahren entwickelt hatte. Der Bedarf konnte sich nicht frei entwickeln, so dass auch die tatsächliche Inanspruchnahme nur einer nicht ausreichenden Versorgung entsprach[102]. Die Mindestquote für psychotherapeutisch tätige Ärzte hat dazu geführt, dass ein großer Teil der nach der Bedarfsplanung vorgesehenen Sitze noch 2006 nicht besetzt war. 2006 waren bundesweit 1.814 Sitze für psychotherapeutisch tätige Ärzte nicht besetzt, jedoch nur 66 Sitze bei den psychologischen Psychotherapeuten. Die Zahl der psycho-

---

[99] BT-Drucksache 13/8035, S. 22

[100] Stellungnahme der Psychotherapeutenkammer vom 08.01.2008, „Mindestversorgungsanteile für psychotherapeutisch tätige Ärzte und Psychotherapeuten (§ 101 Absatz 4 Satz 5 SGB V); Auslaufen der „Quotenregelung" am 31.12.2008

[101] Stellungnahme der Psychotherapeutenkammer vom 08.01.2008, „Mindestversorgungsanteile für psychotherapeutisch tätige Ärzte und Psychotherapeuten (§ 101 Absatz 4 Satz 5 SGB V); Auslaufen der „Quotenregelung" am 31.12.2008

[102] Benedikt Waldherr, Ein Vierteljahrhundert bis zum Psychotherapeutengesetz, Bayerisches Ärzteblatt, März 2003

therapeutisch tätigen Ärzte hat seit Integration der Psychotherapeuten in die GKV nicht zugenommen[103]. Die Bedarfsplanung hat damit die Unterversorgung mit Psychotherapie nicht nur nicht behoben[104], sondern dauerhaft – bis heute – festgeschrieben.

Neben der spezialisierten psychotherapeutischen Versorgung durch ärztliche und psychologische Psychotherapeuten, wurde für die Versicherten in der gesetzlichen Krankenversicherung zusätzlich eine Psychosomatische Grundversorgung eingeführt. Insbesondere für Fachärzte für Allgemeinmedizin und für Fachärzte für Gynäkologie sind Kurse in der Psychosomatischen Grundversorgung Pflicht[105].

---

[103] Stellungnahme der Bundespsychotherapeutenkammer vom 08.01.2008, Mindestversorgungsanteile für psychotherapeutisch tätige Ärzte und Psychotherapeuten (§ 101 Absatz 4 Satz 5 SGB V): Auslaufen der „Quotenregelung" am 31.12.2008

[104] Stellungnahme der Psychotherapeutenkammer vom 08.01.2008, „Mindestversorgungsanteile für psychotherapeutisch tätige Ärzte und Psychotherapeuten (§ 101 Absatz 4 Satz 5 SGB V); Auslaufen der „Quotenregelung" am 31.12.2008

[105] Vgl. Weiterbildungsordnungen der Ärzte; KBV-Gutachten „Zur ambulanten psychosomatischen/psychotherapeutischen Versorgung in der kassenärztlichen Versorgung in Deutschland – Formen in der Versorgung und ihre Effizienz", 2012

VII. Die Folgen des Versorgungsstrukturgesetz (GKV-VStG) für die Versorgung mit Psychotherapie

1. Die neuen Regelungen im Einzelnen

Im Folgenden werden einzelne Regelungen des Versorgungsstrukturgesetzes dargestellt und erörtert, die Auswirkungen auf die Versorgung psychisch Kranker mit Psychotherapie haben können. Vorab steht immer der neue Gesetzestext. Danach erfolgt die Erörterung insbesondere anhand der Gesetzesbegründung und der Stellungnahmen von Verbänden und Einrichtungen im Gesundheitswesen. Im Ergebnis soll eine Aussage darüber getroffen werden, ob das geplante Versorgungsstrukturgesetz geeignet ist, die Versorgungssituation mit Psychotherapie zu verbessern.

> *§ 2 Leistungen*
>
> *(1a) Versicherte mit einer lebensbedrohlichen oder regelmäßig tödlichen Erkrankung oder mit einer zumindest wertungsmäßig vergleichbaren Erkrankung, für die eine allgemein anerkannte, dem medizinischen Standard entsprechende Leistung nicht zur Verfügung steht, können auch eine von Absatz 1 Satz 3 abweichende Leistung beanspruchen, wenn eine nicht ganz entfernt liegende Aussicht auf Heilung oder auf eine spürbare positive Einwirkung auf den Krankheitsverlauf besteht. Die Krankenkasse erteilt für Leistungen nach Satz 1 vor Beginn der Behandlung eine Kostenübernahmeerklärung, wenn Versicherte oder behandelnde Leistungserbringer dies beantragen. Mit der Kostenübernahmeerklärung wird die Abrechnungsmöglichkeit der Leistung nach Satz 1 festgestellt.*

§ 2 Absatz 1a SGB V wurde mit dem Versorgungsstrukturgesetz neu in das SGB V eingefügt. Er schafft damit die gesetzliche Grundlage[106] für die Rechtsprechung des Bundesverfassungsgerichts im so genannten Nikolausbeschluss[107] zur besonderen Leistungspflicht der gesetzlichen

---

[106] BT-Drucksache 17/6906 (Gesetzesbegründung, S. 52f.)
[107] Beschluss vom 06.12.2005, Az.:1 BvR 347/98; siehe oben

Krankenversicherung bei lebensbedrohlichen oder regelmäßig tödlichen oder zumindest wertungsmäßig vergleichbaren Erkrankungen. Die Gesetzesbegründung lässt dabei offen, welche Diagnosen unter die Definition von „wertungsmäßig vergleichbaren Erkrankungen" fallen. Die Auslegung dieses unbestimmten Rechtsbegriffs überlässt der Gesetzgeber damit wieder den Gerichten im Wege von Einzelklagen. Für die Versicherten bedeutet dies eine bleibende Rechtsunsicherheit bei der Behandlung mit nicht zugelassenen Behandlungsmöglichkeiten oder beim nicht indikationsgerechten Gebrauch (Off-Label-Use) von Arzneimitteln. Letztlich bringt der Gesetzgeber mit dieser neuen Regelung nur die Rechtsprechung des Bundesverfassungsgerichts in Gesetzesform, ohne diese selbst weiterzuentwickeln oder zu korrigieren. Die Krankenversicherungen waren jedoch bereits vorher an diese Rechtsprechung gebunden, so dass die gesetzliche Regelung letztlich nur noch eine klarstellende Funktion hat.

Es bleibt abzuwarten, ob psychische Erkrankungen überhaupt unter die Definition von „wertungsmäßig vergleichbaren Erkrankungen" fallen können. Zu denken ist insbesondere an Magersucht (Anorexia nervosa) und andere psychische Erkrankungen, die in der Regel mit einer hohen Suizidgefahr einhergehen. Als Erfolg versprechende therapeutische Leistungen, die nicht im Leistungskatalog der gesetzlichen Krankenversicherung vorgesehen sind, kommen psychotherapeutische Verfahren wie Körpertherapie oder Hypnose in Betracht.

Die Regelung könnte jedoch auch für psychisch kranke Patienten zusätzliche Behandlungsmöglichkeiten eröffnen, insbesondere dann, wenn sie bisher als „austherapiert" galten, dies allerdings nur, wenn einzelne psychische Krankheiten von der Rechtsprechung als wertungsmäßig vergleichbar mit lebensbedrohlichen somatischen Krankheiten angesehen werden. Die Rechtsfortbildung bleibt daher abzuwarten.

§ 11 Leistungsarten

(6) Die Krankenkasse kann in ihrer Satzung zusätzliche vom Gemeinsamen Bundes-
ausschuss nicht ausgeschlossene Leistungen in der fachlich gebotenen Qualität im Bereich
der medizinischen Vorsorge und Rehabilitation (§§ 23, 40), der künstlichen Befruch-
tung (§ 27a), der zahnärztlichen Behandlung ohne die Versorgung mit Zahnersatz (§
28 Absatz 2), bei der Versorgung mit nicht verschreibungspflichtigen apothekenpflichti-
gen Arzneimitteln (§ 34 Absatz 1 Satz 1), mit Heilmitteln (§ 32) und Hilfsmitteln (§
33), im Bereich der häuslichen Krankenpflege (§ 37) und der Haushaltshilfe (§ 38) so-
wie Leistungen von nicht zugelassenen Leistungserbringern vorsehen. Die Satzung muss
insbesondere die Art, die Dauer und den Umfang der Leistung bestimmen; sie hat hin-
reichende Anforderungen an die Qualität der Leistungserbringung zu regeln. Die zusätz-
lichen Leistungen sind von den Krankenkassen in ihrer Rechnungslegung gesondert aus-
zuweisen.

Absatz 6 wurde an § 11 SGB V angefügt und verschafft den Krankenkassen die Möglichkeit, ihren Versicherten über den gesetzlichen Leistungskatalog hinaus Satzungsleistungen anzubieten. Die Satzungsleistungen müssen in unmittelbarem Zusammenhang zum allgemeinen Leistungskatalog stehen und dürfen nicht vom Gemeinsamen Bundesausschuss ausgeschlossen worden sein. Die Aufzählung in Satz 1 ist ausdrücklich und abschließend, d. h. es kommen nur die aufgezählten Leistungsarten in Betracht. Innerhalb dieser Grenzen räumt der Gesetzgeber
den Krankenkassen jedoch einen weiten Gestaltungsspielraum ein[108].

Aufgrund dieser Regelung kommt eine erweiterte Versorgung mit Psychotherapie über den gesetzlichen Leistungskatalog hinaus insbesondere
im Rahmen von Vorsorgeleistungen (§ 23 SGB V) und medizinischen
Rehabilitationsleistungen (§ 40 SGB V) in Betracht. Das ist auch deshalb
sinnvoll, da die gesetzlichen Krankenkassen im Bereich psychischer Erkrankungen bisher keine präventiven Leistungen anbieten.

Weiterhin können nun auch Leistungen von nicht zugelassenen Leistungserbringern angeboten werden. Die Krankenkassen haben damit die
Möglichkeit, die Kosten für Psychotherapie durch nicht zugelassene Psy-

---

[108] BT-Drucksache 17/6906 (Gesetzesbegründung), Seite 53

chotherapeuten als Satzungsleistung zu übernehmen und den Versicherten damit das Risiko einer Kostenerstattung im Rahmen der Erstattungsregelungen des § 13 SGB V abzunehmen. Derzeit wird häufig über die Kostenerstattung nach § 13 SGB V eine lange Wartezeit vermieden. Allerdings ist ein umfassendes Antragsverfahren erforderlich und die Patienten tragen bisher das Risiko der Kosten. Dies könnte sich zukünftig ändern.

Auch kann die Krankenversicherung die Psychotherapie unterstützende Heilmittel wie z.b. osteopathische Behandlungen einführen[109].

Die Krankenkassen kritisieren an der vorgesehenen gesetzlichen Regelung jedoch, dass eine effektive Prüfung der Qualifikation der nicht zugelassenen Leistungserbringer und der Qualität ihrer Leistungen nicht erfolgen kann[110]. Zudem können nur Kassen mit ausreichend großem finanziellen Spielraum oder mit Zusatzbeiträgen in dieser Form aktiv werden. Der Wettbewerb zwischen den Kassen wird damit verstärkt.

Es bleibt demnach abzuwarten, ob die Krankenkassen diese Möglichkeit nutzen, um die Wartezeiten in der Psychotherapie zu verringern. Qualifizierte Psychotherapeuten stehen in ausreichender Zahl zur Verfügung. Frühzeitige Psychotherapie kann eine Chronifizierung psychischer Erkrankungen verhindern und dadurch entstehende Zusatzkosten verhindern.

§ 28 Ärztliche und Zahnärztliche Behandlung
(1) ¹Die ärztliche Behandlung umfasst die Tätigkeit des Arztes, die zur Verhütung, Früherkennung und Behandlung von Krankheiten nach den Regeln der ärztlichen Kunst

---

109 Vgl. Angebot der Techniker Krankenkasse unter www.tk-online.de
110 Stellungnahme des Verbandes der Ersatzkassen e.V. (vdek) zum Entwurf eines Gesetzes zur Verbesserung der Versorgungsstrukturen in der gesetzlichen Krankenversicherung - GKV-Versorgungsstrukturgesetz - GKV-VStG - anlässlich der Anhörung vor dem Gesundheitsausschuss des Deutschen Bundestages, 19.10.2011

ausreichend und zweckmäßig ist. *²Zur ärztlichen Behandlung gehört auch die Hilfeleistung anderer Personen, die von dem Arzt angeordnet und von ihm zu verantworten ist.* **³Die Partner der Bundesmantelverträge legen bis zum 30. Juni 2012 für die ambulante Versorgung beispielhaft fest, bei welchen Tätigkeiten Personen nach Satz 2 ärztliche Leistungen erbringen können und welche Anforderungen an die Erbringung zu stellen sind. ⁴Der Bundesärztekammer ist Gelegenheit zur Stellungnahme zu geben.**

Die Sätze drei und vier wurden an die ursprüngliche Regelung angefügt. Die Regelung soll für Ärzte Rechtssicherheit bei der Delegation von Leistungen auf qualifizierte Hilfspersonen schaffen. Das Prinzip der persönlichen Leistungserbringung bei Ärzten und Zahnärzten wird damit gelockert. Die rechtliche Stärkung der Delegation soll die Ärzte ermutigen, diese Entlastungsmöglichkeit zu nutzen und damit zu einer Verbesserung der Versorgung beitragen[111]. Eine entsprechende Regelung für Psychotherapeuten existiert jedoch nicht. Eine Delegation psychotherapeutischer Leistungen auf Hilfspersonal ist zudem nicht möglich. Psychotherapie kann ausschließlich vom Psychotherapeuten selbst erbracht werden. Eine Verbesserung der Versorgungssituation mit Psychotherapie kann durch die Erweiterung der Möglichkeiten zur Delegation nicht erreicht werden.

§ 32 Heilmittel

(1a) Versicherte mit langfristigem Behandlungsbedarf haben die Möglichkeit, sich auf Antrag die erforderlichen Heilmittel von der Krankenkasse für einen geeigneten Zeitraum genehmigen zu lassen. Das Nähere, insbesondere zu den Genehmigungsvoraussetzungen, regelt der Gemeinsame Bundesausschuss in den Richtlinien nach § 92 Absatz 1 Satz 2 Nummer 6. Über die Anträge ist innerhalb von vier Wochen zu entscheiden; ansonsten gilt die Genehmigung nach Ablauf der Frist als erteilt. Soweit zur Entscheidung ergänzende Informationen des Antragstellers erforderlich sind, ist der Lauf der Frist bis zum Eingang dieser Informationen unterbrochen.

Der neue Absatz 1a wurde mit dem Ziel eingefügt, die Behandlungskontinuität der Versicherten zu fördern und die verordnenden Vertragsärzte

---

[111] BT-Drucksache 17/6906 (Gesetzesbegründung), Seite 54

und Vertragsärztinnen zu entlasten. Eine direkte Auswirkung auf die Versorgung mit Psychotherapie hat dies nicht, jedoch kommt den häufig multimorbiden psychisch Kranken, diese Regelung besonders zugute. Die langfristige Bewilligung von Heilmittelbehandlungen wird häufig eine Entlastung der Patienten mit sich bringen, da gerade diese Patientengruppe häufig nicht in der Lage für regelmäßige Arztbesuche etc. ist. Auch können die Erfahrungen mit diesen langfristigen Genehmigungen Auswirkungen auf die Genehmigungsverfahren bei Psychotherapie haben.

§ 39 Krankenhausbehandlung

*(1) [1]Die Krankenhausbehandlung wird vollstationär, teilstationär, vor- und nachstationär (§ 115a) sowie ambulant (§ 115b) erbracht. [2]Versicherte haben Anspruch auf vollstationäre Behandlung in einem zugelassenen Krankenhaus (§ 108), wenn die Aufnahme nach Prüfung durch das Krankenhaus erforderlich ist, weil das Behandlungsziel nicht durch teilstationäre, vor- und nachstationäre oder ambulante Behandlung einschließlich häuslicher Krankenpflege erreicht werden kann. [3]***Die Krankenhausbehandlung umfasst im Rahmen des Versorgungsauftrags des Krankenhauses alle Leistungen, die im Einzelfall nach Art und Schwere der Krankheit für die medizinische Versorgung der Versicherten im Krankenhaus notwendig sind, insbesondere ärztliche Behandlung (§ 28 Abs. 1), Krankenpflege, Versorgung mit Arznei-, Heil- und Hilfsmitteln, Unterkunft und Verpflegung; die akutstationäre Behandlung umfasst auch die im Einzelfall erforderlichen und zum frühestmöglichen Zeitpunkt einsetzenden Leistungen zur Frührehabilitation.* [4]*Die Krankenhausbehandlung umfasst auch ein Entlassmanagement zur Lösung von Problemen beim Übergang in die Versorgung nach der Krankenhausbehandlung.* [5]*Das Entlassmanagement und eine dazu erforderliche Übermittlung von Daten darf nur mit Einwilligung und nach vorheriger Information des Versicherten erfolgen. § 11 Absatz 4 Satz 4 gilt.*

Die Sätze vier bis sechs wurden neu angefügt. Nach § 11 Absatz 4 SGB V haben Versicherte einen Anspruch auf Versorgungsmanagement zur Lösung von Problemen beim Übergang zwischen den einzelnen Versorgungsbereichen. Ausdrücklich wird der Anspruch auf Versorgungsmanagement als Entlassungsmanagement bei der Entlassung aus dem Krankenhaus geregelt[112].

Für die Versorgung psychisch Kranker mit Psychotherapie ist dies von besonderer Bedeutung. Die bestehenden langen Wartezeiten bei der ambulanten Psychotherapie führen regelmäßig dazu, dass Patienten nach einem stationären Krankenhausaufenthalt entlassen werden, ohne dass im unmittelbaren Anschluss daran die Möglichkeit zur Weiterbehandlung in der ambulanten Psychotherapie besteht oder zumindest in die Wege geleitet wird. Allein auf sich gestellt sind psychisch kranke Versicherte häufig nicht in der Lage, sich selbst einen ambulanten Therapieplatz zu suchen.

Die neue Regelung sollte nun dazu führen, dass die Krankenhäuser bereits bei der Entlassung die ambulante psychotherapeutische Weiterbehandlung sicherstellen. Es bleibt abzuwarten, wie dies mit den häufig monatelangen Wartezeiten für einen Psychotherapieplatz bei unzureichender Versorgungdichte zu vereinbaren ist. Für die Versorgung psychisch Kranker mit Psychotherapie ist diese Regelung jedoch als grundsätzlich positiv zu betrachten.

§ 75 Inhalt und Umfang der Sicherstellung
(1) Die Kassenärztlichen Vereinigungen und die Kassenärztlichen Bundesvereinigungen haben die vertragsärztliche Versorgung in dem in § 73 Abs. 2 bezeichneten Umfang sicherzustellen und den Krankenkassen und ihren Verbänden gegenüber die Gewähr dafür zu übernehmen, daß die vertragsärztliche Versorgung den gesetzlichen und vertraglichen Erfordernissen entspricht. Die Sicherstellung umfasst auch die angemessene und zeitnahe Zurverfügungstellung der fachärztlichen Versorgung (…). In den Gesamtverträgen ist zu regeln, welche Zeiten im Regelfall und im Ausnahmefall noch eine zeitnahe fachärztliche Versorgung darstellen.

Der Sicherstellungsauftrag wird dahingehend konkretisiert, dass die Kassenärztlichen Vereinigungen eine „angemessene und zeitnahe" fachärztliche Versorgung zur Verfügung stellen müssen. Die Psychotherapeuten

---

[112] BT-Drucksache 17/6906 (Gesetzesbegründung), Seite 55

gehören nunmehr dem Bereich der fachärztlichen Versorgung an, so dass sich die Regelung auch auf die Versorgung mit Psychotherapie bezieht. Der Gesetzgeber verfolgt mit dieser Regelung das Ziel, vermeidbare Wartezeiten in der fachärztlichen Versorgung zu vermindern und die erlebte Versorgungsqualität der Patienten zu verbessern[113]. Wie dies im Detail aussehen soll, überlässt der Gesetzgeber allerdings allein den Selbstverwaltungsorganen. Der Gesetzestext enthält keinerlei Vorgaben oder Richtwerte. Die langen Wartezeiten bei Fachärzten zählen für die Patienten zu den drängendsten Problemen im deutschen Gesundheitswesen. Aus der Regelung lässt sich jedoch kein Anspruch ableiten, innerhalb einer bestimmten Zeit einen Therapieplatz zu erhalten. Es bleibt abzuwarten, in welcher Form die Selbstverwaltung diesen halbherzigen gesetzlichen Auftrag ausführt.

§ 87 Absatz 2 a, b SGB V (Telemedizin)

(2a) Die im einheitlichen Bewertungsmaßstab für ärztliche Leistungen aufgeführten Leistungen sind entsprechend der in § 73 Abs. 1 festgelegten Gliederung der vertragsärztlichen Versorgung in Leistungen der hausärztlichen und Leistungen der fachärztlichen Versorgung zu gliedern mit der Maßgabe, dass unbeschadet gemeinsam abrechenbarer Leistungen Leistungen der hausärztlichen Versorgung nur von den an der hausärztlichen Versorgung teilnehmenden Ärzten und Leistungen der fachärztlichen Versorgung nur von den an der fachärztlichen Versorgung teilnehmenden Ärzten abgerechnet werden dürfen; die Leistungen der fachärztlichen Versorgung sind in der Weise zu gliedern, dass den einzelnen Facharztgruppen die von ihnen ausschließlich abrechenbaren Leistungen zugeordnet werden. Bei der Bestimmung der Arztgruppen nach Satz 1 ist der Versorgungsauftrag der jeweiligen Arztgruppe im Rahmen der vertragsärztlichen Versorgung zugrunde zu legen. Bis spätestens zum 31. Oktober 2011 ist mit Wirkung zum 1. Januar 2012 eine Regelung zu treffen, nach der ärztliche Leistungen zur Diagnostik und ambulanten Eradikationstherapie einschließlich elektronischer Dokumentation von Trägern mit dem Methicillin-resistenten Staphylococcus aureus (MRSA) vergütet werden. Die Vergütungsvereinbarung ist auf zwei Jahre zu befristen; eine Anschlussregelung ist bis zum 31. Oktober 2013 zu treffen. Die Kassenärztliche Bundesvereinigung berichtet dem Bundesministerium für Gesundheit quartalsbezogen über Auswertungsergebnisse der Regelung nach Satz 3. Das Bundesministerium für Gesundheit kann das Nähere zum Inhalt des Berichts nach Satz 5 sowie zur Auswertung der anonymisierten Dokumentatio-

---

[113] Gesetzesbegründung, Änderungen des 14. Ausschusses zu § 75 SGB V

nen zum Zwecke der Versorgungsforschung bestimmen; es kann auch den Bewertungs-
ausschuss mit der Vorlage des Berichts beauftragen. Im Übrigen gilt die Veröffentli-
chungspflicht gemäß § 136 Absatz 1 Satz 2. Bei der Überprüfung nach Absatz 2 Satz
2 prüft der Bewertungsausschuss bis spätestens zum 31. Oktober 2012, in welchem
Umfang ambulante telemedizinische Leistungen erbracht werden können; auf dieser
Grundlage beschließt er bis spätestens zum 31. März 2013, inwieweit der einheitliche
Bewertungsmaßstab für ärztliche Leistungen anzupassen ist.

(2b) Die im einheitlichen Bewertungsmaßstab für ärztliche Leistungen aufgeführten Leis-
tungen der hausärztlichen Versorgung sollen als Versichertenpauschalen abgebildet wer-
den; für Leistungen, die besonders gefördert werden sollen oder nach Absatz 2a Satz 6
telemedizinisch erbracht werden können, sind Einzelleistungen oder Leistungskomplexe
vorzusehen.

Erstmals findet der Begriff „Telemedizin" Einzug in das SGB V. Telemedizin ist ein möglicher Ansatz, um in schlecht versorgten Gebieten
dennoch die Betreuung von Patienten aufrecht zu erhalten. So sieht das
offenbar der Gesetzgeber und gibt dem Bewertungsausschuss bis
31.10.2012 Zeit zu prüfen, welche Leistungen telemedizinisch erbracht
werden können.

Nach dem Gesetz soll es für telemedizinische Leistungen im EBM auch
Einzelleistungen oder Leistungskomplexe geben. Für Ärzte, die Interesse
daran haben, neue Techniken zum Nutzen ihrer Patienten einzusetzen,
könnte es damit in absehbarer Zeit erweiterte Behandlungsmöglichkeiten
geben.

Eine psychotherapeutische Behandlung, die ausschließlich per Telemedizin betrieben wird, ist jedoch nach der Berufsordnung der Psychotherapeuten weiterhin nicht möglich.

§ 87a Regionale Euro-Gebührenordnung, Morbiditätsbedingte Ge-
samtvergütung, Behandlungsfehler der Versicherten

(2) (…) Darüber hinaus können auf der Grundlage von durch den Bewertungsausschuss
festzulegenden Kriterien zur Verbesserung der Versorgung der Versicherten, insbesondere
in Planungsbereichen, für die Feststellungen nach § 100 Absatz 1 oder 3 getroffen wur-
den, Zuschläge auf den Orientierungswert nach § 87 Absatz 2 e für besonders förde-

rungswürdige Leistungen sowie für Leistungen von besonders zu fördernden Leistungser-
bringern vereinbart werden. Bei der Festlegung des Zu- oder Abschlages ist zu gewähr-
leisten, dass die medizinisch notwendige Versorgung der Versicherten sichergestellt ist.

§ 87b Vergütung der Ärzte (Honorarverteilung)

(2) Der Verteilungsmaßstab hat Regelungen vorzusehen, die verhindern, dass die Tätig-
keit des Leistungserbringers über seinen Versorgungsauftrag nach § 95 Absatz 3 oder
seinen Ermächtigungsumfang hinaus übermäßig ausgedehnt wird; dabei soll dem Leis-
tungserbringer eine Kalkulationssicherheit hinsichtlich der Höhe seines zu erwartenden
Honorars ermöglicht werden. Der Verteilungsmaßstab hat der kooperativen Behandlung
von Patienten in dafür gebildeten Versorgungsformen angemessen Rechnung zu tragen;
dabei können auch gesonderte Vergütungsregelungen für vernetzte Praxen auch als ein ei-
genes Honorarvolumen als Teil der morbiditätsbedingten Gesamtvergütungen nach § 87a
Absatz 3 vorgesehen werden, soweit dies einer Verbesserung der ambulanten Versorgung
dient und das Praxisnetz von der Kassenärztlichen Vereinigung anerkannt wird. Im
Verteilungsmaßstab sind Regelungen zur Vergütung psychotherapeutischer Leistungen
der Psychotherapeuten, der Fachärzte für Kinder- und Jugendpsychiatrie und -
psychotherapie, der Fachärzte für Psychiatrie und Psychotherapie, der Fachärzte für
Nervenheilkunde, der Fachärzte für psychosomatische Medizin und Psychotherapie sowie
der ausschließlich psychotherapeutisch tätigen Ärzte zu treffen, die eine angemessene Hö-
he der Vergütung je Zeiteinheit gewährleisten. Widerspruch und Klage gegen die Hono-
rarfestsetzung sowie gegen deren Änderung oder Aufhebung haben keine aufschiebende
Wirkung.

(4) Die Kassenärztliche Bundesvereinigung hat Vorgaben zur Festlegung und Anpas-
sung des Vergütungsvolumens für die hausärztliche und fachärztliche Versorgung nach
Absatz 1 Satz 1 sowie Kriterien und Qualitätsanforderungen für die Anerkennung be-
sonders förderungswürdiger Praxisnetze nach Absatz 2 Satz 2 als Rahmenvorgabe für
Richtlinien der Kassenärztlichen Vereinigungen, insbesondere zu Versorgungszielen, im
Einvernehmen mit dem Spitzenverband Bund der Krankenkassen zu bestimmen. Dar-
über hinaus hat die Kassenärztliche Bundesvereinigung Vorgaben insbesondere zu den
Regelungen des Absatzes 2 Satz 1 bis 3 zu bestimmen; dabei ist das Benehmen mit dem
Spitzenverband Bund der Krankenkassen herzustellen. Die Vorgaben nach den Sätzen
1 und 2 sind von den Kassenärztlichen Vereinigungen zu beachten.

In den §§ 87 bis 87d SGB V wird die Vergütung der Vertragspsychothe-
rapeuten geregelt. Auch im GKV-VStG setzt der Gesetzgeber im Rahmen des Ausbaus der Sicherstellung der Versorgung weiter auf Vergütungsanreize zur Steuerung des Niederlassensverhaltens.

Zunächst wurde § 87a Absatz 2 Satz 4 SGB V geändert. Die Kassenärztliche Vereinigung und die Landesverbände der Krankenkassen sowie die Ersatzkassen erhalten damit die Möglichkeit, auf der Grundlage von bundeseinheitlichen Kriterien zur Verbesserung der Versorgung der Versicherten, die durch die gemeinsame Selbstverwaltung auf Bundesebene im Bewertungsausschuss festgelegt werden, in unterversorgten Gebieten regionale Preiszuschläge zu vereinbaren. Mit den Vergütungsanreizen soll das Niederlassungsverhalten von Vertragsärzten, und somit grundsätzlich auch von Psychotherapeuten, gesteuert und die Versorgung sichergestellt werden. Beispielhaft nennt die Gesetzesbegründung dabei die Durchführung von Hausbesuchen[114] als besonders förderungswürdige Leistung.

Die Möglichkeit, Psychotherapie mittels Hausbesuchen zu erbringen, wird bisher jedoch kaum realisiert. Zwei Möglichkeiten, die sicher auch im Bereich der Psychotherapie genutzt werden können, ist die mobile Praxis oder das Anbieten einer Sprechstunde in anderen Praxen.
Letztlich bleibt abzuwarten, ob allein die Regionalisierung der Honorare über zusätzliche Vergütungsanreize ausreicht, die Versorgung in bisher unterversorgten Gebieten sicherzustellen. Im Interesse psychisch Kranker ist zudem die finanzielle Förderung von Hausbesuchen bei der Psychotherapie zu unterstützen.

Weiter bietet der Gesetzgeber nun der Selbstverwaltung die Möglichkeit, qualitativ besonders hochwertige Leistungen zu fördern. Beispielhaft nennt die Gesetzesbegründung die Verbesserung des Blutzuckerwertes bei Diabetikern[115]. Da es sich bei der Förderung besonders hochwertiger Leistungen um ein wesentliches Steuerungsinstrument der Reform handeln soll und die Unterversorgung mit Psychotherapie eines der dring-

---

[114] BT-Drucksache 17/6906, Seite 62
[115] BT-Drucksache 17/6906, Seite 62 f

lichsten Probleme der Gesetzlichen Krankenversicherung ist, stellt sich die Frage, ob damit auch eine Verbesserung der Versorgung mit Psychotherapie erreicht werden sollte bzw. überhaupt erreicht werden kann. Die Psychotherapie wird in der Gesetzesbegründung nicht ausdrücklich genannt. Auch ist die Feststellung einer überdurchschnittlichen Qualität im Bereich der Psychotherapie schwierig, da es keine objektiv messbaren Werte für die Erkrankung der Seele und deren Therapie gibt – anders als bei den Blutzuckerwerten bei Diabetes. Zur Qualitätsmessung der Behandlung müssten demnach zunächst objektive und patientenbezogene Indikatoren ermittelt werden[116]. Als weitere Schwierigkeit kommt bei der Qualitätsmessung hinzu, dass es sich bei den psychisch Kranken sehr häufig um multimorbide Patienten handelt. Es wird daher nur schwer möglich sein, den Anteil der Psychotherapie an einer positiven somatischen Gesundheitsentwicklung festzustellen. Gerade bei der Versorgung multimorbider Patienten ist die Zusammenarbeit des Psychotherapeuten mit verschiedenen Berufsgruppen wie Hausärzten, Psychiatern, Ergotherapeuten u.a. von großer Bedeutung für eine qualitativ hochwertige Versorgung. Anzustreben ist daher über die gesetzliche Regelung hinaus eine sektorübergreifende Qualitätsmessung, die mit einer Zusammenarbeit der einzelnen Akteure in Selektivverträgen einhergeht[117]. Es ist jedoch absehbar, dass sich zukünftig auch wieder die Gerichte mit der Frage beschäftigen werden, welche Behandlungen dem Erfordernis einer qualitativ hochwertigen Leistung genügen.

Die Neuregelungen des GKV-VStG sehen jedoch nicht nur regionale Vergütungsanreize vor sondern streben eine vollständige Regionalisie-

---

116 Vgl. Wulf-Dietrich Leber, Steuerung der Versorgung durch qualitätsbezogene Vergütung aus Sicht der Krankenkassen, in: Vierteljahreszeitschrift für Sozialrecht, September 2010

117 Vgl. Wulf-Dietrich Leber, Steuerung der Versorgung durch qualitätsbezogene Vergütung aus Sicht der Krankenkassen, in: Vierteljahreszeitschrift für Sozialrecht, September 2010, Seite 215 ff

rung und Flexibilisierung der Honorarverteilung an[118]. Für die Versorgung mit Psychotherapie ist dabei folgendes von Bedeutung: Die vertragsärztliche Versorgung erfolgt nun im Rahmen einer regionalen Honorarverteilung, die nach haus- und fachärztlichen Versorgungsbereichen getrennt wird. Die Honorarverteilung nimmt die Kassenärztliche Vereinigung vor und erlässt dafür – ohne jegliche Mitbestimmungsmöglichkeit der Krankenkassen – einen Honorarverteilungsmaßstab[119]. Die Kassenärztliche Vereinigung hat im Honorarverteilungsmaßstab mengensteuernde Maßnahmen der ärztlich abzurechnenden Leistungen unter Berücksichtigung des Versorgungsbedarfs festzulegen. Da der Kassenärztlichen Vereinigung der Sicherstellungsauftrag obliegt (§ 75 SGB V), ist der Honorarverteilungsmaßstab zudem so zu gestalten, dass die vertragsärztliche Versorgung der Versicherten über den gesamten Abrechnungszeitraum gesichert ist. Vorgaben dazu enthält das Gesetz nicht. Seitens der Krankenkassen wird kritisiert, dass die Entscheidungen nunmehr allein von Ärzteseite erfolgt und zu erwarten ist, dass sie sich mehr an den Interessen der Ärzte als an Versorgungsgesichtspunkten, also den Interessen der Versicherten orientiert[120]. Die Psychotherapeuten befürchten daher Verteilungskämpfe innerhalb der Ärzteschaft und Honorarverluste[121].

Die neue Regelung enthält zudem besondere Festlegungen zur Vergütung der Psychotherapeuten. Zur Sicherstellung der „wirtschaftlichen

---

[118] Gesetzesbegründung zu § 87 b SGB V
[119] Bisher: Honorarverteilungsvertrag zwischen Kassenärztlicher Vereinigung und Krankenkassenverbänden
[120] Stellungnahme des vdek e.V. zum Versorgungsstrukturgesetz
[121] Mitteilung der Deutschen Psychotherapeutenvereinigung: „GKV-VStG vom Bundestag verabschiedet – keine Verbesserung der psychotherapeutischen Versorgung"; vgl. auch Gesundheitspolitischer Informationsdienst, Nr 6, 9.3.2012, „Auseinanderdividiert – Die Psychotherapeuten als Verlierer der Regionalisierung"; vgl. auch Die BKK 12/2001, „Viele Paragraphen – wenig Wirkung"

Rahmenbedingungen" der Psychotherapeuten sind die Kassenärztlichen Vereinigungen bei der Festsetzung des Honorars der Psychotherapeuten an die bisherigen Regelungen der Selbstverwaltungsorgane gebunden. Konkret bedeutet dies, dass zeitliche Obergrenzen gesetzt werden, in denen sich für die Psychotherapeuten ein Honorar ohne Abzug ergibt. Insbesondere aus der Gesetzesbegründung geht hervor, dass der Gesetzgeber des GKV-VStG eher die wirtschaftliche Absicherung der Psychotherapeuten, als die Verbesserung der Versorgung der Versicherten im Blick hatte. Eine Auseinandersetzung mit etwaigen Folgen der Gesetzesänderung für die Versorgung mit Psychotherapie für die Versicherten enthält die Gesetzesbegründung nicht.

Es ist daher zu befürchten, dass sich die Versorgungssituation psychisch Kranker mit den neuen Honorarregelungen weiter verschärft. Denn künftig ist der Umfang der für die Versicherten zur Verfügung stehenden Therapiestunden nicht nur durch die Anzahl der zugelassenen Therapeuten, sondern auch durch das Budget, das der Berufsgruppe der Psychotherapeuten im Rahmen der Honorarverteilung von der Kassenärztlichen Vereinigung zugeteilt wird, begrenzt. Letztlich wird sich die von Haus- und Fachärzten bekannte Problematik ergeben, dass am Monatsende keine Behandlungstermine mehr vergeben werden, da der Leistung faktisch kein Honoraranspruch mehr gegenübersteht (künstliche Angebotsverknappung).

§ 90 Landesausschüsse

(1) Die Kassenärztlichen Vereinigungen und die Landesverbände der Krankenkassen sowie die Ersatzkassen bilden für den Bereich jedes Landes einen Landesausschuss der Ärzte und Krankenkassen und einen Landesausschuss der Zahnärzte und Krankenkassen. Die Ersatzkassen können diese Aufgabe auf eine im Bezirk der Kassenärztlichen Vereinigung von den Ersatzkassen gebildete Arbeitsgemeinschaft oder eine Ersatzkasse übertragen.

(2) Die Landesausschüsse bestehen aus einem unparteiischen Vorsitzenden, zwei weiteren unparteiischen Mitgliedern, neun Vertretern der Ärzte, drei Vertretern der Orts-

krankenkassen, drei Vertretern der Ersatzkassen, je einem Vertreter der Betriebs-krankenkassen und der Innungskrankenkassen sowie einem gemeinsamen Vertreter der landwirtschaftlichen Krankenkassen und der Knappschaft-Bahn-See. Über den Vorsitzenden und die zwei weiteren unparteiischen Mitglieder sowie deren Stellvertreter sollen sich die Kassenärztlichen Vereinigungen und die Landesverbände sowie die Ersatzkassen einigen. Kommt eine Einigung nicht zustande, werden sie durch die für die Sozialversicherung zuständige oberste Verwaltungsbehörde des Landes im Benehmen mit den Kassenärztlichen Vereinigungen, den Landesverbänden der Krankenkassen sowie den Ersatzkassen berufen. Besteht in dem Bereich eines Landesausschusses ein Landesverband einer bestimmten Kassenart nicht und verringert sich dadurch die Zahl der Vertreter der Krankenkassen, verringert sich die Zahl der Ärzte entsprechend. Die Vertreter der Ärzte und ihre Stellvertreter werden von den Kassenärztlichen Vereinigungen, die Vertreter der Krankenkassen und ihre Stellvertreter werden von den Landesverbänden der Krankenkassen sowie den Ersatzkassen bestellt.

(3) Die Mitglieder der Landesausschüsse führen ihr Amt als Ehrenamt. Sie sind an Weisungen nicht gebunden. Die beteiligten Kassenärztlichen Vereinigungen einerseits und die Verbände der Krankenkassen sowie die Ersatzkassen andererseits tragen die Kosten der Landesausschüsse je zur Hälfte. Das Bundesministerium für Gesundheit bestimmt durch Rechtsverordnung mit Zustimmung des Bundesrates nach Anhörung der Kassenärztlichen Bundesvereinigungen und des Spitzenverbandes Bund der Krankenkassen das Nähere für die Amtsdauer, die Amtsführung, die Erstattung der baren Auslagen und die Entschädigung für Zeitaufwand der Ausschussmitglieder sowie über die Verteilung der Kosten.

(4) Die Aufgaben der Landesausschüsse bestimmen sich nach diesem Buch. In den Landesausschüssen wirken die für die Sozialversicherung zuständigen obersten Landesbehörden beratend mit. Das Mitberatungsrecht umfasst auch das Recht zur Anwesenheit bei der Beschlussfassung.

(5) Die Aufsicht über die Landesausschüsse führen die für die Sozialversicherung zuständigen obersten Verwaltungsbehörden der Länder. § 87 Absatz 1 Satz 2 und die §§ 88 und 89 des Vierten Buches gelten entsprechend.

(6) Die von den Landesausschüssen getroffenen Entscheidungen nach § 99 Absatz 2, § 100 Absatz 1 Satz 1 und Absatz 3 sowie § 103 Absatz 1 Satz 1 sind den für die Sozialversicherung zuständigen obersten Landesbehörden vorzulegen. Diese können die Entscheidungen innerhalb von zwei Monaten beanstanden. § 94 Absatz 1 Satz 3 bis 5 gilt entsprechend.

§ 90a Gemeinsames Landesgremium

(1) Nach Maßgabe der landesrechtlichen Bestimmungen kann für den Bereich des Landes ein gemeinsames Gremium aus Vertretern des Landes, der Kassenärztlichen Vereinigung, der Landesverbände der Krankenkassen sowie der Ersatzkassen und der Landeskrankenhausgesellschaft sowie weiteren Beteiligten gebildet werden. Das gemeinsame Landesgremium kann Empfehlungen zu sektorenübergreifenden Versorgungsfragen abgeben.

(2) Soweit das Landesrecht es vorsieht, ist dem gemeinsamen Landesgremium Gelegenheit zu geben, zu der Aufstellung und der Anpassung der Bedarfspläne nach § 99 Absatz 1 und zu den von den Landesausschüssen zu treffenden Entscheidungen nach § 99 Absatz 2, § 100 Absatz 1 Satz 1 und Absatz 3 sowie § 103 Absatz 1 Satz 1 Stellung zu nehmen.

Der Bundesgesetzgeber stärkt mit diesen beiden Neuregelungen die Rechte der Länder in der Gesundheitsversorgung. Insbesondere im Bereich der sektorübergreifenden Versorgung gibt der Bundesgesetzgeber den Ländern Raum für eigene Wege. Die Versicherten können von dieser Flexibilität aber nur dann profitieren, wenn sich die Länder für eine Gesundheitsversorgung einsetzen, die regionale Besonderheiten in angemessener Weise berücksichtigt. Die AOK Baden-Württemberg begrüßt ausdrücklich die Regionalisierung der Versorgung[122]. Es bleibt abzuwarten, ob und in welcher Form die Länder diese Regelungen für die Versorgung mit Psychotherapie nutzen[123].

Als erstes Bundesland hat sich Schleswig-Holstein an die Umsetzung der Regelung gewagt und den Entwurf für ein „Gesetz zur Entwicklung medizinischer Versorgungsstrukturen im Land" vorgelegt, an der jedoch bereits Kritik seitens der Krankenkassen erfolgte. In dem einen einzurichtenden 18-köpfigen Landesgremium sollen den Kassen nur drei Sitze

---

[122] AOK im Dialog – Verfechter regionaler Lösungen, Gesundheit und Gesellschaft, Ausgabe 11/11

[123] Verfassungsrechtlich sind die dazugehörenden Regelungen zur Rechtsaufsicht bedenklich. Bundesweite Kassen werden damit unter die (zusätzliche) Aufsicht von Landesbehörden gestellt, vgl. Urteil des BVerfG zu den JobCentern

zustehen, Sitze für Patientenvertreter sind nicht vorgesehen. Hingegen stellen die Vertreter der Ärzte und Psychotherapeuten die Mehrheit im Gremium[124]. Für die Versorgung mit Psychotherapie wird es grundsätzlich auch im Sinne der Patienten sein, wenn in dem Landesgremium neben Ärzten auch psychologische Psychotherapeuten vertreten sein können. Es besteht jedoch die Gefahr, dass die jetzt vorgesehenen Vertreter mehr die eigenen Interessen, als die der Patienten im Auge haben. Hier wäre es sinnvoll gewesen, mit den Krankenkassen und Patientenvertretungen ein gleichberechtigtes Gegengewicht zuzulassen. In der Regionalisierung der weiteren Bedarfsplanungen liegt für Patientenorganisationen grundsätzlich die Chance, an der Gestaltung der Versorgungsstrukturen beteiligt zu werden und ihr Wissen aus erster Hand einzubringen, wenn ihnen die Möglichkeit dazu eingeräumt wird.

Bereits vor Inkrafttreten des GKV-VStG fand eine umfassende Zusammenarbeit zwischen Bund und Ländern in verschiedenen Gremien statt, wie z.B. der Arbeitsgruppe Psychiatrie der Arbeitsgemeinschaft der Obersten Landesbehörden (AOLG) und der Gesundheitsministerkonferenz (GMK)[125]. Es ist nicht nachvollziehbar, weshalb nun ein weiteres Gremium geschaffen wird und nicht die Arbeit der bestehenden evaluiert und weiterentwickelt wird.

§ 98 Zulassungsverordnungen

(2) Die Zulassungsverordnungen müssen Vorschriften enthalten über (...)

12. die Voraussetzungen für eine Befristung von Zulassungen,(...)

Mit der erstmaligen Möglichkeit, Zulassungen zur vertragsärztlichen Versorgung nur befristet zu erteilen, soll die Festschreibung von regional be-

---

[124] Verband der Ersatzkassen Schleswig-Holstein, Ausgabe April 2012, Seite 3
[125] BT-Drucksache 17/2662, Seite 13f,

stehender Überversorgung reduziert werden[126]. Für die Patienten bedeutet dies, dass sie sich häufiger auf neue Ärzte einstellen müssen. Insbesondere bei der Versorgung mit Psychotherapie besteht die Gefahr, dass Therapien mit Ablauf der Befristung von einem anderen Psychotherapeuten fortgeführt werden müssen, was sich nachteilig auf den Behandlungsverlauf auswirken kann. Zudem können sich die Behandlungszeiten verlängern, da zwischen Therapeut und Patient erst wieder ein Vertrauensverhältnis entstehen muss.

§ 99 Bedarfsplan

(1) Die Kassenärztlichen Vereinigungen haben im Einvernehmen mit den Landesverbänden der Krankenkassen und den Ersatzkassen nach Maßgabe der vom Gemeinsamen Bundesausschuss erlassenen Richtlinien auf Landesebene einen Bedarfsplan zur Sicherstellung der vertragsärztlichen Versorgung aufzustellen und jeweils der Entwicklung anzupassen. Die Ziele und Erfordernisse der Raumordnung und Landesplanung sowie der Krankenhausplanung sind zu beachten. **Soweit es zur Berücksichtigung regionaler Besonderheiten, insbesondere der regionalen Demografie und Morbidität, für eine bedarfsgerechte Versorgung erforderlich ist, kann von den Richtlinien des Gemeinsamen Bundesausschusses abgewichen werden. Den zuständigen Landesbehörden ist Gelegenheit zur Stellungnahme zu geben. Der aufgestellte oder angepasste Bedarfsplan ist der für die Sozialversicherung zuständigen obersten Landesbehörde vorzulegen. Sie kann den Bedarfsplan innerhalb einer Frist von zwei Monaten beanstanden.** *Der Bedarfsplan ist in geeigneter Weise zu veröffentlichen.*

(2) Kommt das Einvernehmen zwischen den Kassenärztlichen Vereinigungen, den Landesverbänden der Krankenkassen und den Ersatzkassen nicht zustande, kann jeder der Beteiligten den Landesausschuss der Ärzte und Krankenkassen anrufen. Dies gilt auch für den Fall, dass kein Einvernehmen darüber besteht, wie einer Beanstandung des Bedarfsplans abzuhelfen ist.

(3) Die Landesausschüsse beraten die Bedarfspläne nach Absatz 1 und entscheiden im Falle des Absatzes 2.

Es wurde bereits oben dargestellt, dass das GKV-VStG eine Regionalisierung der Honorare einführt und die Einwirkungsmöglichkeiten der

---

[126] Gesetzesbegründung

Länder gestärkt werden. Auch bei der Bedarfsplanung können die Kassenärztlichen Vereinigungen im Rahmen ihres Sicherstellungsauftrages zur Berücksichtigung regionaler Besonderheiten nun von den bundesweit geltenden Bedarfsplanungsrichtlinien auf Länderebene abweichen. Die Abweichung kann sich dabei insbesondere auf eine differenzierte Einteilung der Planungsbereiche als auch unterschiedliche Verhältniszahlen für den bedarfsgerechten Versorgungsgrad beziehen[127]. Als regionale Besonderheiten gelten dabei insbesondere Morbidität und Demographie. Der Bundesausschuss ist dabei jedoch nicht ermächtigt, die Voraussetzungen festzulegen, wann eine Abweichung von der Bedarfsplanungsrichtlinie zulässig ist[128].

Die Regionalisierung bietet demnach mehrere neue Möglichkeiten für die Versorgung mit Psychotherapie. Bereits die Vergangenheit hat gezeigt, dass bei der Versorgung psychisch Kranker durch die Bildung regionaler Versorgungsnetzwerke, in die auch die Versorgung mit Psychotherapie einschließen, gute Ergebnisse erzielt werden. Es ist zu hoffen, dass die Regionalisierung der Bedarfsplanung dazu führt, das die zuständigen Einrichtungen der Selbstverwaltung regional geeignete Instrumente finden, um nicht nur das Angebot zu regulieren, sondern es dem tatsächlichen Bedarf anzupassen. Weiter bleibt abzuwarten, ob und wie die Länder ihre neuen Einwirkungsmöglichkeiten nutzen[129]. Die Politiker in regionalen Entscheidungspositionen werden damit für die gesetzlich versicherten Bürger leichter ansprechbar und damit auch verantwortlicher. Dies ermöglicht auch den Bürgern eine unmittelbarere Einflussnahme auf die Politiker und eine direkte Darstellung ihrer Interessen gegenüber den Entscheidungsträgern.

---

[127] BT-Drucksache 17/2662,
[128] BT-Drucksache 17/2662
[129] Siehe oben zu §§ 90, 90a SGB V

§ 100 Unterversorgung

(1) Den Landesausschüssen der Ärzte und Krankenkassen obliegt die Feststellung, daß in bestimmten Gebieten eines Zulassungsbezirks eine ärztliche Unterversorgung eingetreten ist oder in absehbarer Zeit droht. Sie haben den für die betroffenen Gebiete zuständigen Kassenärztlichen Vereinigungen eine angemessene Frist zur Beseitigung oder Abwendung der Unterversorgung einzuräumen.

(2) Konnte durch Maßnahmen einer Kassenärztlichen Vereinigung oder durch andere geeignete Maßnahmen die Sicherstellung nicht gewährleistet werden und dauert die Unterversorgung auch nach Ablauf der Frist an, haben die Landesausschüsse mit verbindlicher Wirkung für die Zulassungsausschüsse nach deren Anhörung Zulassungsbeschränkungen in anderen Gebieten nach den Zulassungsverordnungen anzuordnen.

(3) Den Landesausschüssen der Ärzte und Krankenkassen obliegt nach Maßgabe der Richtlinien nach § 101 Abs. 1 Nr. 3a die Feststellung, dass in einem nicht unterversorgten Planungsbereich zusätzlicher lokaler Versorgungsbedarf besteht.

Die gesetzliche Regelung zur Unterversorgung bleibt im GKV-VStG unverändert. Daraus kann nur geschlossen werden, dass der Gesetzgeber die bisher geltenden Regelungen zur Beseitigung und Verhinderung von Unterversorgung für ausreichend hält. Die langen Wartezeiten bei der Psychotherapie haben den Gesetzgeber offenbar nicht dazu veranlasst, diese Regelung zu prüfen und zu überarbeiten.

§ 101 Überversorgung

(1) Der Gemeinsame Bundesausschuss beschließt in Richtlinien Bestimmungen über (…)

1. einheitliche Verhältniszahlen für den allgemeinen bedarfsgerechten Versorgung

2a. Regelungen, mit denen bei der Berechnung des Versorgungsgrades die von Ärzten erbrachten spezialfachärztlichen Leistungen nach § 116b berücksichtigt werden,

2b. Regelungen, mit denen bei der Berechnung des Versorgungsgrades die durch Ermächtigung an der vertragsärztlichen Versorgung teilnehmenden Ärzte berücksichtigt werden,

3. Vorgaben für die ausnahmsweise Besetzung zusätzlicher Vertragsarztsitze, soweit diese zur Gewährleistung der vertragsärztlichen Versorgung in einem Versorgungsbereich unerläßlich sind, um einen zusätzlichen lokalen oder einen qualifikationsbezogenen Versorgungsbedarf insbesondere innerhalb einer Arztgruppe zu decken, (...)

Sofern die Weiterbildungsordnungen mehrere Facharztbezeichnungen innerhalb desselben Fachgebiets vorsehen, bestimmen die Richtlinien nach Nummer 4 und 5 auch, welche Facharztbezeichnungen bei der gemeinschaftlichen Berufsausübung nach Nummer 4 und bei der Anstellung nach Nummer 5 vereinbar sind. Überversorgung ist anzunehmen, wenn der allgemeine bedarfsgerechte Versorgungsgrad um 10 vom Hundert überschritten ist. Der allgemeine bedarfsgerechte Versorgungsgrad ist erstmals bundeseinheitlich zum Stand vom 31. Dezember 1990 zu ermitteln. Bei der Ermittlung des Versorgungsgrades ist die Entwicklung des Zugangs zur vertragsärztlichen Versorgung seit dem 31. Dezember 1980 arztgruppenspezifisch angemessen zu berücksichtigen. **Die regionalen Planungsbereiche sind mit Wirkung zum 1. Januar 2013 so festzulegen, dass eine flächendeckende Versorgung sichergestellt wird.** Bei der Berechnung des Versorgungsgrades in einem Planungsbereich sind Vertragsärzte mit einem hälftigen Versorgungsauftrag mit dem Faktor 0,5 sowie die bei einem Vertragsarzt nach § 95 Abs. 9 Satz 1 angestellten Ärzte, die in einem medizinischen Versorgungszentrum angestellten Ärzte und die in einer Einrichtung nach § 105 Absatz 1 Satz 2 angestellten Ärzte entsprechend ihrer Arbeitszeit anteilig zu berücksichtigen. Erbringen die in Satz 7 genannten Ärzte spezialfachärztliche Leistungen nach § 116b, ist dies bei der Berechnung des Versorgungsgrades nach Maßgabe der Bestimmungen nach Satz 1 Nummer 2a zu berücksichtigen. Die Berücksichtigung ermächtigter Ärzte und der in ermächtigten Einrichtungen tätigen Ärzte erfolgt nach Maßgabe der Bestimmungen nach Satz 1 Nummer 2b.

(2) Der Gemeinsame Bundesausschuss hat die auf der Grundlage des Absatzes 1 Satz 4 und 5 ermittelten Verhältniszahlen anzupassen oder neue Verhältniszahlen festzulegen, wenn dies erforderlich ist (...)

3. zur Sicherstellung der bedarfsgerechten Versorgung; dabei ist insbesondere die demografische Entwicklung zu berücksichtigen.

§ 101 SGB V enthält allgemeine Vorgaben[130], nach denen der Gemeinsame Bundesausschuss die Bedarfsplanungsrichtlinien festzulegen hat. Der Bundesausschuss hat nunmehr die weitreichende Kompetenz übertragen bekommen, die Planungsbereiche allein danach auszurichten, dass eine flächendeckende Versorgung sichergestellt ist. Der Bundesausschuss kann, um dieses Ziel zu erreichen, auch die Planungsbereiche für die einzelne Arztgruppen individuell festlegen. Der Gesetzgeber überträgt damit dem Bundesausschuss auch die Kompetenz zu definieren, was unter einer wohnortnahen Versorgung mit Psychotherapie zu verstehen ist. Konkrete Inhalte definiert der Gesetzgeber auch hier nicht. Die Wohnortnähe und damit die Erreichbarkeit ist gerade für die Versorgung mit Psychotherapie von besonderer Bedeutung, da die Behandlung über Monate, oft Jahre, ein- bis dreimal pro Woche stattfindet[131]. Die neue Bedarfsplanungsrichtlinie muss bis zum 01.01.2013 umgesetzt werden. Dies ist die einzige konkrete Vorgabe, die der Gesetzgeber dem Bundesausschuss macht.

Die neuen Bedarfsplanungsrichtlinien sollen bei der Feststellung des Versorgungsgrades nicht mehr nur Vertragsärzte, sondern auch ermächtigte Ärzte berücksichtigen. Für die Versorgung mit Psychotherapie kann dies bedeuten, dass z.B. Psychiatrische Institutsambulanzen neben ärztlichen und psychologischen Psychotherapeuten bei der Versorgung mit Psychotherapie zugelassen werden. Psychiatrische Institutsambulanzen (PIA) sind jedoch in der Versorgung mit Psychotherapie nicht mit niedergelassenen Psychotherapeuten zu vergleichen. Denn PIAs dienen vor allem der Akutversorgung oder Folgebehandlung nach einem stationären Krankenhausaufenthalt, jedoch nicht der regulären ambulanten Versor-

---

130 Vgl. dazu weiter unter www.KBV.de/40652.html
131 Vgl. oben Urteil des Landessozialgerichts Nordrhein-Westfalen

gung mit Psychotherapie. Bei einer Einbeziehung der PIAs ist daher zu befürchten, dass erneut eine Überversorgung bei der Arztgruppe der Psychotherapeuten festgestellt wird, ohne dass die ambulante Versorgung mit Psychotherapie tatsächlich ausreichend ist.

Die stichtagsbezogene Bedarfsfeststellung wird abgeschafft. Zukünftig soll die Bedarfsplanung allein auf sachgerechten Kriterien beruhen (§ 101 Absatz 2 Satz 1 SGB V). Als sachgerechte Kriterien gelten dabei insbesondere die Sozialstruktur der Region, die Raumordnung sowie die vorhandene Versorgungsstruktur. Trotz der bestehenden Kritik soll auch der Demographiefaktor weiter berücksichtigt werden.[132]

Die Länder erhalten stärkere Mitwirkungsmöglichkeiten bei der Bedarfsplanung auf Landesebene[133].

Die entsprechenden Richtlinien sollen bis Mitte 2012 vorliegen und zum 01.01.2013 umgesetzt werden. Die konkreten Auswirkungen der gesetzlichen Neuregelungen auf die Versorgung mit Psychotherapie können erst dann geprüft werden.

> *§ 103 Zulassungsbeschränkungen*
> *(3a) Wenn die Zulassung eines Vertragsarztes in einem Planungsbereich, für den Zulassungsbeschränkungen angeordnet sind, durch Tod, Verzicht oder Entziehung endet und die Praxis von einem Nachfolger weitergeführt werden soll, entscheidet der Zulassungsausschuss auf Antrag des Vertragsarztes oder seiner zur Verfügung über die Praxis berechtigten Erben, ob ein Nachbesetzungsverfahren nach Absatz 4 für den Vertragsarztsitz durchgeführt werden soll. Satz 1 gilt auch bei hälftigem Verzicht oder bei hälftiger Entziehung; Satz 1 gilt nicht, wenn ein Vertragsarzt, dessen Zulassung befristet ist, vor Ablauf der Frist auf seine Zulassung verzichtet. Der Zulassungsausschuss kann den Antrag ablehnen, wenn eine Nachbesetzung des*

---

[132] Vgl. zu weiteren Kriterien der Bedarfsplanung: Nusken/Busse, Technische Universität Berlin, Ansatzpunkte und Kriterien der Bedarfsplanung in anderen Gesundheitssystemen, Im Auftrag der Bundesärztekammer, 2011

[133] Vgl. oben §§ 90, 90a SGB V

Vertragsarztsitzes aus Versorgungsgründen nicht erforderlich ist; dies gilt nicht, sofern die Praxis von einem Nachfolger weitergeführt werden soll, der dem in Absatz 4 Satz 5 Nummer5 und 6 bezeichneten Personenkreis angehört. Der Zulassungsausschuss beschließt mit einfacher Stimmmehrheit; bei Stimmgleichheit ist dem Antrag abweichend von § 96 Absatz 2 Satz 6 zu entsprechen. § 96 Absatz 4 findet keine Anwendung. Ein Vorverfahren(§78 Sozialgerichtsgesetz) findet nicht statt. Klagen gegen einen Beschluss des Zulassungsausschusses, mit dem einem Antrag auf Durchführung eines Nachbesetzungsverfahrens entsprochen wird, haben keine aufschiebende Wirkung. Hat der Zulassungsausschuss den Antrag abgelehnt, hat die Kassenärztliche Vereinigung dem Vertragsarzt oder seinen zur Verfügung über die Praxis berechtigten Erben eine Entschädigung in der Höhe des Verkehrswertes der Arztpraxis zu zahlen. (Inkrafttreten zum 01.01.2013)

(4) Wenn die Zulassung eines Vertragsarztes in einem Planungsbereich, für den Zulassungsbeschränkungen angeordnet sind, durch Erreichen der Altersgrenze, Tod, Verzicht oder Entziehung endet und die Praxis von einem Nachfolger fortgeführt werden soll, hat die Kassenärztliche Vereinigung auf Antrag des Vertragsarztes oder seiner zur Verfügung über die Praxis berechtigten Erben diesen Vertragsarztsitz in den für ihre amtlichen Bekanntmachungen vorgesehenen Blättern unverzüglich auszuschreiben und eine Liste der eingehenden Bewerbungen zu erstellen. Satz 1 gilt auch bei hälftigem Verzicht oder bei hälftiger Entziehung der Zulassung. Dem Zulassungsausschuß sowie dem Vertragsarzt oder seinen Erben ist eine Liste der eingehenden Bewerbungen zur Verfügung zu stellen. Unter mehreren Bewerbern, die die ausgeschriebene Praxis als Nachfolger des bisherigen Vertragsarztes fortführen wollen, hat der Zulassungsausschuß den Nachfolger nach pflichtgemäßem Ermessen auszuwählen. Bei der Auswahl der Bewerber sind folgende Kriterien zu berücksichtigen:

1. die berufliche Eignung,

2. das Approbationsalter,

3. die Dauer der ärztlichen Tätigkeit,

4. eine mindestens fünf Jahre dauernde vertragsärztliche Tätigkeit in einem Gebiet, in dem der Landesausschuss nach § 100 Absatz 1 das Bestehen von Unterversorgung festgestellt hat,5. ob der Bewerber Ehegatte, Lebenspartner oder ein Kind des bisherigen Vertragsarztes ist,

6. ob der Bewerber ein angestellter Arzt des bisherigen Vertragsarztes oder ein Vertragsarzt ist, mit dem die Praxis bisher gemeinschaftlich betrieben wurde,

7. ob der Bewerber bereit ist, besondere Versorgungsbedürfnisse, die in der Ausschreibung der Kassenärztlichen Vereinigung definiert worden sind, zu erfüllen.

Ab dem 1. Januar 2006 sind für ausgeschriebene Hausarztsitze vorrangig Allgemeinärzte zu berücksichtigen. Die Dauer der ärztlichen Tätigkeit nach Satz 5 Nummer 3 wird verlängert um Zeiten, in denen die ärztliche Tätigkeit wegen der Erziehung von Kindern oder der Pflege pflegebedürftiger naher Angehöriger in häuslicher Umgebung unterbrochen worden ist. Die wirtschaftlichen Interessen des ausscheidenden Vertragsarztes oder seiner Erben sind nur insoweit zu berücksichtigen, als der Kaufpreis die Höhe des Verkehrswerts der Praxis nicht übersteigt.

(4a) Verzichtet ein Vertragsarzt in einem Planungsbereich, für den Zulassungsbeschränkungen angeordnet sind, auf seine Zulassung, um in einem medizinischen Versorgungszentrum tätig zu werden, so hat der Zulassungsausschuss die Anstellung zu genehmigen, **wenn Gründe der vertragsärztlichen Versorgung dem nicht entgegenstehen;** *eine Fortführung der Praxis nach Absatz 4 ist nicht möglich. Nach einer Tätigkeit von mindestens fünf Jahren in einem medizinischen Versorgungszentrum, dessen Sitz in einem Planungsbereich liegt, für den Zulassungsbeschränkungen angeordnet sind, erhält ein Arzt unbeschadet der Zulassungsbeschränkungen auf Antrag eine Zulassung in diesem Planungsbereich; dies gilt nicht für Ärzte, die auf Grund einer Nachbesetzung nach Satz 5 oder erst seit dem 1. Januar 2007 in einem medizinischen Versorgungszentrum tätig sind. Medizinischen Versorgungszentren ist die Nachbesetzung einer Arztstelle möglich, auch wenn Zulassungsbeschränkungen angeordnet sind. § 95 Absatz 9b gilt entsprechend.*

(4b) Verzichtet ein Vertragsarzt in einem Planungsbereich, für den Zulassungsbeschränkungen angeordnet sind, auf seine Zulassung, um bei einem Vertragsarzt als nach § 95 Abs. 9 Satz 1 angestellter Arzt tätig zu werden, so hat der Zulassungsausschuss die Anstellung zu genehmigen, **wenn Gründe der vertragsärztlichen Versorgung dem nicht entgegenstehen;** *eine Fortführung der Praxis nach Absatz 4 ist nicht möglich. Soll die vertragsärztliche Tätigkeit in den Fällen der Beendigung der Zulassung durch Tod, Verzicht oder Entziehung von einem Praxisnachfolger weitergeführt werden, kann die Praxis auch in der Form weitergeführt werden, dass ein Vertragsarzt den Vertragsarztsitz übernimmt und die vertragsärztliche Tätigkeit durch einen angestellten Arzt in seiner Praxis weiterführt,* **wenn Gründe der vertragsärztlichen Versorgung dem nicht entgegenstehen.** *Die Nachbesetzung der*

Stelle eines nach § 95 Abs. 9 Satz 1 angestellten Arztes ist möglich, auch wenn Zulas-
sungsbeschränkungen angeordnet sind. § 95 Absatz 9b gilt entsprechend.

In der Neufassung des § 103 SGB V wurde mehrfach der Halbsatz „wenn Gründe der vertragsärztlichen Versorgung dem nicht entgegenstehen" ergänzt. Damit wird der Wille des Gesetzgebers zum Ausdruck gebracht, dass bei der Nachbesetzung einer Vertragsarztpraxis Versorgungsgesichtspunkte stärker als bisher zu berücksichtigen sind[134]. Ob damit zukünftig eher den wirtschaftlichen Interessen betroffener Praxisnachfolger oder die Versorgungsbedürfnissen der Allgemeinheit entsprochen wird, ist jedoch offen. Um aus juristischer Sicht den Tatbestand des „Entgegenstehens" zu erfüllen, müssten sehr schwerwiegende Gründe vorliegen. Da diese Regelung wiederum mit dem Grundrecht der Ärzte auf Berufsfreiheit kollidiert, dürfte derzeit nur die Sicherung der Finanzierung der Gesetzlichen Krankenversicherung als schwerwiegender Grund in diesem Sinne gelten.

Auch die Ausgestaltung und Auslegung dieses Halbsatzes bleibt letztlich der Rechtsprechung überlassen. Ob und welche Veränderungen sich dabei für die Versicherten und insbesondere ihre Versorgung mit Psychotherapie ergeben, ist nicht absehbar.

Der erste Gesetzesentwurf sah an dieser Stelle zunächst ein Vorkaufsrecht für Vertragsarztsitze in überversorgten Gebieten für die Kassenärztliche Vereinigung vor. Der gemeinsame Widerstand von Ärzteschaft, Psychotherapeuten und Krankenkassen gegen das Vorkaufsrecht führte zu der nun eingeführten Regelung. Diese sieht jetzt vor, dass die Kassenärztlichen Vereinigung in überversorgten Planbereichen von einer Nachbesetzung von Vertragsarztsitzen absehen kann und dafür an die Berechtigten, d.h. den verkaufswilligen Inhaber eines Vertragsarztsitzes, den Verkehrswert des Arztsitzes bezahlt. Der Gesetzgeber setzt hier ein neues Regelungsinstrument in überversorgten Planbereichen ein und schafft

---

[134] BT-Drucksache 17/2662

die Voraussetzungen dafür, dass überzählige Vertragsarztsitze nicht nachbesetzt werden. Insbesondere die Psychotherapeuten kritisieren diese Regelung, da sie gegen ihre eigenen Interessen verstößt[135]. Diese Kritik führte unter anderem dazu, dass die Regelung erst zum 01.01.2013 in Kraft tritt, wenn eine neue Bedarfsplanung vorliegt. Für die Versicherten bedeutet dies zunächst keine Änderung in der Versorgung mit Psychotherapie. Für das Jahr 2013 sind in erster Linie die neuen Bedarfsplanungsrichtlinien und die darauf beruhende Bedarfsplanung abzuwarten; dabei insbesondere auch, ob und wie die Länder ihre Möglichkeiten zur länderspezifischen Einwirkung nutzen werden. Erst dann wird sich zeigen, welche Auswirkungen dieses neue Regelungsinstrument hat.

Der Gesetzesbegründung ist dazu zu entnehmen:

> *„Eine Entscheidung des Zulassungsausschusses, mit der die Nachbesetzung eines Vertragsarztsitzes aus Versorgungsgründen abgelehnt wird, kann somit erst auf Grundlage einer präziseren Bedarfsplanung, die insbesondere im Bereich der psychotherapeutischen Versorgung erforderlich erscheint, getroffen werden"*

> *§ 105 Förderung der Vertragsärztlichen Versorgung*

> *(1a) Die Kassenärztliche Vereinigung kann zur Finanzierung von Fördermaßnahmen in Gebieten, für die Beschlüsse nach § 100 Absatz 1 und 3 getroffen wurden, einen Strukturfonds bilden, für den sie 0,1 Prozent der nach § 87a Absatz 3 Satz 1 vereinbarten morbiditätsbedingten Gesamtvergütungen zur Verfügung stellt. Hat die Kassenärztliche Vereinigung einen Strukturfonds nach Satz 1 gebildet, haben die Landesverbände der Krankenkassen und die Ersatzkassen zusätzlich einen Betrag in gleicher Höhe in den Strukturfonds zu entrichten. Mittel des Strukturfonds sollen insbesondere für Zuschüsse zu den Investitionskosten bei der Neuniederlassung oder der Gründung von Zweigpraxen, für Zuschläge zur Vergütung und zur Ausbildung sowie für die Vergabe von Stipendien verwendet werden.*

> *(3) Die Kassenärztlichen Vereinigungen können den freiwilligen Verzicht auf die Zulassung als Vertragsarzt finanziell fördern. In einem Planungsbereich, für den*

---

[135] Stellungnahme der Bundespsychotherapeutenkammer zum GKV-VStG

Zulassungsbeschränkungen angeordnet sind, ist eine finanzielle Förderung auch durch den Aufkauf der Arztpraxis durch die Kassenärztliche Vereinigung möglich, wenn auf eine Ausschreibung zur Nachbesetzung nach § 103 Absatz 4 Satz 1 verzichtet wird.

(5) Kommunen können mit Zustimmung der Kassenärztlichen Vereinigung in begründeten Ausnahmefällen eigene Einrichtungen zur unmittelbaren medizinischen Versorgung der Versicherten betreiben. Ein begründeter Ausnahmefall kann insbesondere dann vorliegen, wenn eine Versorgung auf andere Weise nicht sichergestellt werden kann. Sind die Voraussetzungen nach Satz 1 erfüllt, hat der Zulassungsausschuss die Einrichtung auf Antrag zur Teilnahme an der vertragsärztlichen Versorgung mit angestellten Ärzten, die in das Arztregister eingetragen sind, zu ermächtigen. § 95 Absatz 2 Satz 7 bis 10 gilt entsprechend. In der kommunalen Eigeneinrichtung tätige Ärzte sind bei ihren ärztlichen Entscheidungen nicht an Weisungen von Nichtärzten gebunden.

Mit der schrittweisen Einführung von weiteren Instrumenten zur Sicherstellung der ärztlichen Versorgung werden die Regelungen zur Steuerung der Niederlassungsverhaltens von Vertragsärzten über Vergütungsanreize im neuen § 105 Absatz 1a SGB V weiter entwickelt[136]. Im Vordergrund steht hier die Nachwuchsförderung. Diese bezieht sich in erster Linie auf die Vertragsärzte, nicht jedoch auf die Psychotherapeuten. Dies ist schlüssig, da sich die Probleme des Psychotherapeuten-Nachwuchses grundsätzlich von denen der Ärzte unterscheiden[137]. Während der Nachwuchs der Psychotherapeuten kontinuierlich ausgebildet wird und bereit steht, zeichnet sich bei den Ärzten ein grundsätzlicher Mangel beim Nachwuchs für den Beruf des psychotherapeutisch tätigen Vertragsarztes ab. Die Regelung zur Nachwuchsförderung ist daher nicht für die Weiterentwicklung der psychotherapeutischen Versorgung bestimmt und wird sie auch nicht beeinflussen.

---

[136] Siehe bereits oben zur Regionalisierung der Honorare
[137] Vgl. dazu Diskussion zur Ausbildung in der Psychotherapie

Die Neuregelung des Absatzes 3 erweitert die Möglichkeit der Kassenärztlichen Vereinigungen, den freiwilligen Verzicht auf bestehende Zulassungen zu fördern.

§ 303e Datenverarbeitung und -nutzung

*(1) Die bei der Datenaufbereitungsstelle gespeicherten Daten können von folgenden Insti-
tutionen verarbeitet und genutzt werden, soweit sie für die Erfüllung ihrer Aufgaben erforderlich sind:*

1. dem Spitzenverband Bund der Krankenkassen,

2. den Bundes- und Landesverbänden der Krankenkassen,

3. den Krankenkassen,

4. den Kassenärztlichen Bundesvereinigungen und den Kassenärztlichen Vereinigungen,

*5. den für die Wahrnehmung der wirtschaftlichen Interessen gebildeten maßgeblichen Spit-
zenorganisationen der Leistungserbringer auf Bundesebene,*

6. den Institutionen der Gesundheitsberichterstattung des Bundes und der Länder,

7. den Institutionen der Gesundheitsversorgungsforschung,

*8. den Hochschulen und sonstigen Einrichtungen mit der Aufgabe unabhängiger wissen-
schaftlicher Forschung, sofern die Daten wissenschaftlichen Vorhaben dienen,*

9. dem Gemeinsamen Bundesausschuss,

10. dem Institut für Qualität und Wirtschaftlichkeit im Gesundheitswesen,

11. dem Institut des Bewertungsausschusses,

*12. der oder dem Beauftragten der Bundesregierung für die Belange der Patientinnen und
Patienten,*

*13. den für die Wahrnehmung der Interessen der Patientinnen und Patienten und der
Selbsthilfe chronisch kranker und behinderter Menschen maßgeblichen Organisationen
auf Bundesebene,*

14. der Institution nach § 137a Absatz 1 Satz 1,

*15. dem Institut nach § 17b Absatz 5 des Krankenhausfinanzierungsgesetzes (DRG-
Institut),*

*16. den für die gesetzliche Krankenversicherung zuständigen obersten Bundes- und Lan-
desbehörden sowie deren jeweiligen nachgeordneten Bereichen und den übrigen obersten
Bundesbehörden,*

*17. der Bundesärztekammer, der Bundeszahnärztekammer, der Bundespsychotherapeu-
tenkammer sowie der Bundesapothekerkammer,*

18. der Deutschen Krankenhausgesellschaft.

*(2) Die nach Absatz 1 Berechtigten können die Daten insbesondere für folgende Zwecke
verarbeiten und nutzen:*

1. Wahrnehmung von Steuerungsaufgaben durch die Kollektivvertragspartner,

2. Verbesserung der Qualität der Versorgung,

3. Planung von Leistungsressourcen (zum Beispiel Krankenhausplanung),

4. Längsschnittanalysen über längere Zeiträume, Analysen von Behandlungsabläufen, Analysen des Versorgungsgeschehens zum Erkennen von Fehlentwicklungen und von Ansatzpunkten für Reformen (Über-, Unter- und Fehlversorgung),

5. Unterstützung politischer Entscheidungsprozesse zur Weiterentwicklung der gesetzlichen Krankenversicherung,

6. Analyse und Entwicklung von sektorenübergreifenden Versorgungsformen sowie von Einzelverträgen der Krankenkassen.

Die nach § 303a Absatz 1 bestimmte Datenaufbereitungsstelle regelt bis zum 31. Dezember 2012 die Erhebung und das Verfahren zur Berechnung von Nutzungsgebühren. Die Regelung ist dem Bundesministerium für Gesundheit vorzulegen. Das Bundesministerium für Gesundheit kann sie innerhalb von zwei Monaten beanstanden.

(3) Die Datenaufbereitungsstelle hat bei Anfragen der nach Absatz 1 Berechtigten zu prüfen, ob der Zweck zur Verarbeitung und Nutzung der Daten dem Katalog nach Absatz 2 entspricht und ob der Umfang und die Struktur der Daten für diesen Zweck ausreichend und erforderlich sind. Die Daten werden anonymisiert zur Verfügung gestellt. Ausnahmsweise werden die Daten pseudonymisiert bereitgestellt, wenn dies für den angestrebten Zweck erforderlich ist. Das Ergebnis der Prüfung ist dem Antragsteller mitzuteilen und zu begründen.

Der Gesetzgeber schafft hier neue Regelungen für das Sammeln und Verwerten von Daten im Gesundheitswesen. Die Regelung ist zu begrüßen, da damit kurzfristig Daten zusammengestellt und ausgewertet werden können, die als Grundlage für die weitere Entwicklung der Bedarfsplanung und Entwicklung der Versorgungsstrukturen herangezogen werden kann. Es ist davon auszugehen, dass mit dieser Neuregelung eine geeignete Datengrundlage für die Bedarfsplanung geschaffen wird, die nicht auf dem bestehenden Angebot basiert, sondern auf den jeweiligen Leistungen, die in der Vergangenheit in Anspruch genommen wurden Damit lassen sich die Daten künftig, zumindest miteinander vergleichen, so dass bezüglich der Bedarfsplanung zweckmäßige Steuerungsentscheidungen getroffen werden können.

2. Abschließende Bewertung des GKV-VStG

Das Hauptproblem der Versorgung mit Psychotherapie liegt aktuell darin, dass trotz bestehender Überversorgung nach den Bedarfsplanungsrichtlinien lange Wartezeiten für einen Therapieplatz bestehen – tatsächlich also das Versorgungsangebot der Gesetzlichen Krankenversicherung den vorhandenen und kontinuierlich steigenden Bedarf an Psychotherapie nicht deckt. Für die Versorgung mit Psychotherapie ist das GKV-VStG deshalb daran zu messen, welche Lösungen es für diese Problematik anbietet. Auszugehen ist dabei von den Gründen für diese unbefriedigende Situation, die im Wesentlichen in den bestehenden Bedarfsplanungsrichtlinien liegt. Das GKV-VStG bestimmt zwar nun die Entwicklung neuer Bedarfsplanungsrichtlinien, macht jedoch dazu dem Bundesausschuss keine konkreten Vorgaben. Sofern die zum 01.01.2013 umzusetzenden Bedarfsplanungsrichtlinien eine Auswirkung auf die langen Wartezeiten haben sollten, ist dies keine unmittelbare Folge des GKV-VStG, sondern der neuen Bedarfsplanungsrichtlinien des Bundesausschusses und deren Umsetzung durch die Selbstverwaltung. Eine spürbare Auswirkung auf die Versicherten wird dies erst im Laufe des Jahres 2013 haben können.

Auch die Gesetzesbegründung des Versorgungsstrukturgesetzes enthält keine konkrete Bestandsaufnahme der bestehenden Versorgung oder eine Bedarfsfeststellung, die zu den Gesetzesänderungen mit dem konkreten Ziel der Verbesserung der Versorgung mit Psychotherapie geführt haben. Vielmehr wird mit dem GKV-VStG wie in der Vergangenheit versucht, unerwünschten Entwicklungen in der Gesundheitsversorgung mit einer Veränderung des Angebots entgegenzuwirken. Der Bedarf wird weiterhin nach dem Angebot bestimmt. Wissenschaftlich belegte Methoden zur Bedarfsfeststellung existieren nicht und auch das GKV-VStG schafft keine Forschungsgrundlagen dafür.

Auch die Besonderheiten der Versorgung psychisch kranker Menschen mit Psychotherapie werden im GKV-VStG nicht berücksichtigt. Denn aus der Gesetzesbegründung ergeben sich keine Hinweise darauf, dass der Gesetzgeber mit den Gesetzesänderungen die Versorgung mit Psychotherapie verbessern wollte. Obwohl anhand konkreter Daten der gesetzlichen Krankenkassen auch die Öffentlichkeit und vor allem die betroffenen Familien sowie Arbeitgeber und Kollegen mit der steigenden Anzahl psychisch Kranker konfrontiert werden, hat sich der Gesetzgeber dieser Herausforderung nicht angenommen. Er greift vielmehr auf bekannte Mittel zur Regelung des Angebots zurück oder verlagert konkrete Entscheidungen zur Bedarfsplanung und Versorgung auf nachgeordnete Gremien wie den Gemeinsamen Bundesausschuss. Damit fördert er indirekt auch die Notwendigkeit im Einzelfall Fragen zum Anspruch auf eine Psychotherapie durch eine höchstrichterliche Entscheidung klären lassen zu müssen. Einen Behandlungsanspruch bzw. dessen zeitnahe Umsetzung im Einzelfall vor Gericht durchsetzen zu müssen, bedeutet für Versicherte jedoch regelmäßig einen hohen zeitlichen Aufwand und ein finanzielles Risiko. Hinzu kommt, dass gerade für psychisch Kranke der Weg zum Gericht eine besondere Belastung darstellt (Angst vor Stigmatisierung, krankheitsbedingte Antriebslosigkeit und Angst).

Berücksichtigung finden die Besonderheiten der Versorgung mit Psychotherapie einzig bei den Regelungen zur Honorarverteilung. Die neuen Regelungen zur Sicherung der Honorare der Psychotherapeuten führen hier jedoch – wegen der zu erwartenden Budgetierung – zu einer indirekten Leistungsbeschränkung für die Versicherten, selbst dann, wenn die neuen Bedarfsplanungsrichtlinien zu weiteren Zulassungen von Psychotherapeuten führen sollten.

Mit dem GKV-VStG setzt der Gesetzgeber die Tradition der Gesetze fort, in denen durch Honorarreformen und Honoraranreize die Versorgung der Versicherten über das Angebot und nicht anhand des Bedarfs geregelt werden soll. Das hier näher geprüfte Gesetz, das als Versorgungsgesetz in das Gesetzgebungsverfahren ging, kam als Versorgungs*struktur*gesetz wieder heraus. Der Gesetzgeber hat demzufolge auch nur die Versorgungsstrukturen, insbesondere Honorare neu geregelt, jedoch die Bedarfsplanung, die sich unmittelbar auf die Versorgungssituation auswirkt an den Bundesausschuss sowie die Selbstverwaltung abgegeben. Damit, dass er diese Aufgabe nicht selbst übernimmt, sondern auf eine nachgeordnete Behörde überträgt, bringt der Gesetzgeber auch zum Ausdruck, welche Wertigkeit er einer an der Realität orientierten Bedarfsplanung beimisst. Während die Rechtsprechung seit den 1990er Jahren die Funktionsfähigkeit und Finanzierbarkeit des Gesundheitswesens über die Partikularinteressen der Ärzte stellt, verharrt der Gesetzgeber mit dem GKV-VStG darin, das Gesundheitswesen allein durch Organisation und Honorarverteilung der Leistungserbringer zu gestalten. Eine finanzierbare und bedarfsgerechte Versorgung, insbesondere für psychisch kranke Patienten wird jedoch nur erreicht werden können, wenn sich das Angebot stärker am tatsächlichen Bedarf ausrichtet. Die zahlreichen Gesundheitsreformen der letzten Jahrzehnte, die ohne Bedarfsanalysen erfolgten und ausschließlich an der Regulierung des Angebots orientiert waren, haben gezeigt, dass die bestehenden Probleme nicht gelöst werden konnten.

VIII. Ansätze für eine bessere Versorgung mit Psychotherapie

Im Folgenden sollen im GKV-VStG unbeachtet gebliebene Ansätze zur Verbesserung der Versorgung mit Psychotherapie dargestellt und diskutiert werden. Die Ausführungen orientieren sich an den recherchierten Vorschlägen von unterschiedlichen Interessensgruppen.[138]

1. Psychotherapie als Präventionsleistung

Nach eigenen Angaben setzt die Bundesregierung „auf die Umsetzung geeigneter Maßnahmen der Prävention und Gesundheitsförderung auf Bundes-, Länder- und kommunaler Ebene und die diesbezüglichen Maßnahmen der gesetzlichen Krankenversicherung, die die Förderung der psychischen Gesundheit zu einem vorrangigen Präventionsziel der betrieblichen Gesundheitsförderung erklärt haben[139]".

Psychische Gesundheitsförderung kann jedoch nicht allein Aufgabe der betrieblichen Gesundheitsförderung sein. Auch die Förderung der psychischen Gesundheit von Versicherten ohne Anbindung an einen Arbeitsplatz ist Aufgabe der Krankenversicherung. Versicherte in der gesetzlichen Krankenversicherung haben bislang keinen Anspruch auf Prävention und Früherkennung psychischer Krankheiten. Der in § 25 SGB V näher bestimmte Anspruch der Versicherten auf Früherkennung von Krankheiten bezieht sich allein auf eine „ärztliche Gesundheitsuntersu-

---

138 Vgl. z.B. Gemeinsame Presseerklärung des Bundesverbandes der Angehörigen psychisch Kranker e.V. und anderer , November 2011; Bundespsychotherapeutenkammer-Newsletter, 1/2012, Dialog mit Jürgen Matzat, Leiter der Kontaktstelle für Selbsthilfegruppen in Gießen

139 BT-Drucksache 17/2662, Seite 2, Antwort der Bundesregierung auf die Kleine Anfrage von Abgeordneten der Grünen BT-Drucksache 17/2557 – Zunahme

chung". § 73 Absatz 2 Satz 1 Nr. 3 in Verbindung mit Satz 2 SGB V schließt psychologische Psychotherapeuten ausdrücklich von Maßnahmen zur Früherkennung von psychischen Krankheiten aus. Beispielhaft nennt das Gesetz ohnehin nur die Früherkennung von körperlichen Krankheiten, wie Herz-Kreislauf-Erkrankungen. Ein Anspruch auf Früherkennung und Prävention von psychischen Krankheiten lässt sich aus dem Gesetz nicht herleiten.

Die Versorgung von gesetzlich Versicherten muss um Maßnahmen der Früherkennung und der Prävention von psychischen Krankheiten erweitert werden. Nur so kann erreicht werden, dass Patienten frühzeitig in therapeutische Behandlung kommen und damit die Chronifizierung der Erkrankung verhindert oder zumindest verzögert wird. Das frühzeitige Erkennen und Behandeln von psychischen Krankheiten verkürzt zudem die therapeutischen Behandlungszeiten. Dadurch werden Behandlungsressourcen frei und es kann eine Kostenreduzierung erreicht werden[140].

Der Gesetzgeber sieht diese Chance trotz steigender Ausgaben für die Versorgung psychischer Kranker nicht. So hat die Regierung kürzlich ein neues Gesetz zur systematischen Vorbeugung von Krankheiten vorgeschlagen. Regelungen für die Prävention bei psychischen Krankheiten sind darin wieder nicht vorgesehen[141].

---

psychischer Erkrankungen

[140] Hans-Joachim Schwarz, Das Psychotherapeutengesetz aus der Psychologischen Psychotherapeuten, in: Vertragsarztrecht zu Beginn des 21. Jahrhunderts, Hrsg.: Deutsche Gesellschaft für Kassenarztrecht

[141] Vgl. Die Welt vom 14.04.2012, Koalition: Mehr Geld für Gesundheitsfürsorge

2. Transparente und zeitnahe Vermittlung offener Therapieplätze

Das dringlichste Problem der Versorgung mit Psychotherapie sind die langen Wartezeiten[142]. Damit geht die Schwierigkeit einher, überhaupt einen Therapieplatz bzw. einen individuell geeigneten Therapeuten zu finden. Für psychisch kranke Menschen ist es besonders belastend, zunächst zahlreiche Therapeuten selbst anzurufen und dann die Auskunft zu erhalten, dass kein Therapieplatz frei sei oder erst zu einem späteren Zeitpunkt. Sinnvoll wäre daher die Einrichtung zentraler Vermittlungsstellen, bei denen offene Therapieplätze gemeldet werden[143] und die diese Therapieplätze zeitnah und transparent vermitteln. Einzelne Kassenärztliche Vereinigungen bieten diesen Service bereits an[144]. Auch gibt es einige Institute und Vereinigungen von Psychotherapeuten, die eine entsprechende Vermittlung anbieten[145]. Für die Versicherten ist in diesen Fällen die Vergabe von Therapieplätzen zwar nicht transparent, aber die zeitraubende Suche nach einem Therapieplatz wird deutlich abgekürzt.

Die Krankenkassen bieten derzeit grundsätzlich keine Vermittlung freier Therapieplätzen an. Die gesetzlichen Möglichkeiten der Integrierten Versorgung oder auch von Modellvorhaben werden bislang nicht ausreichend genutzt, um in einem transparenten Verfahren Versicherten kurzfristig einen Therapieplatz anzubieten. Eine Ausnahme ist das Modellvorhaben der Krankenkassen mit dem Südharzkrankenhaus in Nordhausen[146]. Dabei besteht grundsätzlich für die Krankenkassen die Option,

---

142 Dr. Heinz-Uwe Dettling, Ethisches Leitbild und EuGH-Kompetenz für die Gesundheitssysteme, EuZW 2006/519

143 Pressemitteilung der Bundespsychotherapeutenkammer vom 10.06.2011

144 So die Kassenärztliche Vereinigung Bayerns und die Kassenärztlichen Vereinigungen in Nordrhein-Westfalen, siehe Verband der Ersatzkassen, Die Ersatzkasse, Schwierige Versorgungssituation bei psychisch Kranken, Dezember 2011, Seite 7

145 Institut für Psychotherapie Berlin

146 Vgl. z.B. Modellprojekt der Krankenkassen mit dem Südharzkrankenhaus in

entsprechende Modellvorhaben und Integrierte Versorgungsprogramme in größerem Umfang und flächendeckend anzubieten, was allerdings auch einen höheren Verwaltungsaufwand nach sich zieht, so dass Krankenkassen in der Regel andere Prioritäten setzen.

Vorbildlich ist in diesem Zusammenhang das Modellverfahren „Einbindung von ärztlichen und psychologischen Psychotherapeuten in das berufsgenossenschaftliche Heilverfahren bei psychischen Gesundheitsschäden" der Deutschen Gesetzlichen Unfallversicherung (DGUV). Psychotherapeuten, die an diesem Modellverfahren teilnehmen, verpflichten sich gegenüber der DGUV, innerhalb einer Woche nach Zuweisung eines Patienten mit der Therapie zu beginnen. Die Therapie muss zudem mindestens einmal wöchentlich stattfinden. In der direkten Zusammenarbeit mit den Psychotherapeuten und der Vermittlung von Psychotherapeuten an Patienten löst die DGUV die zwei grundlegenden Probleme beim Zugang zur Versorgung mit Psychotherapie für die Versicherten – Wartezeit und Therapeutensuche. Dieses Modellvorhaben ist daher als zukunftsweisend anzusehen. Flächendeckend eingeführt setzt es allerdings eine bedarfsgerechte Versorgung mit Psychotherapieplätzen voraus.

Die Berufsverbände der psychologischen Psychotherapeuten[147] und die Krankenkassen gehen hingegen – wie schon vor der Zulassung der psychologischen Psychotherapeuten zur vertragsärztlichen Versorgung – den Weg über die Kostenerstattung, um den Versorgungsbedarf mit Hilfe von nicht zugelassenen Psychotherapeuten zu decken. Dies ist grund-

---

Nordhausen (Gemeinsame Presseerklärung des Südharzkrankenhauses Nordhause gGmbH und der gesetzlichen Krankenkassen in Thüringen vom 17.04.2012); Hamburger Netz psychische Gesundheit – psychenet; Netzwerk psychische Gesundheit der Stiftung Lebendsäume zusammen mit der Techniker Krankenkasse in Rhein-Main-Gebiet;

[147] Ratgeber Kostenerstattung der Bundespsychotherapeutenkammer

sätzlich im Interesse der Versicherte zu begrüßen. Es muss jedoch kritisch bewertet werden, dass bei nicht zugelassenen Psychotherapeuten für die Krankenkassen kaum die Möglichkeit gegeben ist, bestimmte Qualitätsstandards, wie Fortbildungsnachweise, im Interesse der Versicherten durchzusetzen.

3. Vergütung

Der Beginn einer Psychotherapie ist derzeit mehr von einer „freien Patientenwahl" für die Therapeuten, als von einer „freien Arztwahl" für die Patienten gekennzeichnet. Die Ursache hierfür liegt insbesondere in den bisher fehlenden Regelungen zu einer transparenten Verteilung der existierenden Therapieplätze. Die Entscheidung, ob jemand einen Therapieplatz erhält, trifft im Wesentlichen der Psychotherapeut selbst. Analysen, ob Wartezeiten bei einzelnen, schweren psychischen Krankheitsbildern, wie z. B. bei schweren Depressionen oder schwierigen Behandlungsfällen wie einer Borderline-Erkrankung, länger sind, als bei leichteren, psychischen Erkrankungen existieren nicht. Das Honorar ist bei leichteren Behandlungsfällen genauso hoch, wie bei schweren Behandlungsfällen. Insofern ist nicht auszuschließen, dass Psychotherapeuten „leichteren Behandlungsfällen" den Vorzug bei der Vergabe von Therapieplätzen geben. Eine Änderung des Honorarsystems mit einem finanziellen Anreiz für die Behandlung von schweren, psychischen Krankheitsbildern könnte dem entgegenwirken.[148]

4. Zulassung nach Stundenkontingenten

Die Bedarfsplanung erfolgt derzeit ausschließlich nach Vertragsarztsitzen. Wie viele Therapiestunden ein Psychotherapeut mit einem Vertragsarztsitz anbieten muss, ist nicht fest geregelt. Der Rahmenvertrag-Ärzte

---

[148] Vgl. dazu KBV, Gutachten, Seite 30

legt lediglich fest, dass ein Psychotherapeut bei voller Zulassung mindestens 20 Stunden wöchentlich für die Versorgung zur Verfügung stehen muss. In der Folge lässt sich anhand der Zahl der Vertragarztsitze jedoch nicht feststellen, wie viele Stunden an Psychotherapie in einem Planungsbezirk tatsächlich für die Versorgung zur Verfügung stehen. Auch kann eine Unterversorgung bereits dadurch entstehen, dass eine große Anzahl an Psychotherapeuten eines Planungsbezirkes nur im Mindestumfang von 20 Wochenstunden oder gar darunter tätig ist. Die Zulassung nach „Sitzen" ist folglich durch eine Zulassung nach Stundenkontingenten zu ersetzen.

Die Kassenärztliche Vereinigung Westfalen hat im Jahr 2011 alle Therapeuten angeschrieben, die keine 20 Stunden pro Woche für die psychotherapeutische Versorgung tätig sind. 80 Prozent der Angeschriebenen haben daraufhin entweder ihren Zulassungsumfang korrigiert, die Zulassung zurückgegeben oder ihre Tätigkeit entsprechend dem Kollektivvertrag ausgeweitet[149]. Die Aktion der KV Westfalen-Lippe zeigt, dass der vertraglich vereinbarte Versorgungsauftrag bei Psychotherapeuten eingefordert werden kann und muss.

Bei erheblicher und/oder dauerhafter individueller Unterschreitung der Mindestwochenstunden sollten die Möglichkeiten des Zulassungsentzuges geprüft und angewandt werden, um die Vertragsarztsitze mit Psychotherapeuten zu besetzen, die sich an den Umfang des Versorgungsauftrages halten[150].

---

[149] Artikel „Schwierige Versorgungssituation bei psychisch Kranken" in Verband der Ersatzkassen, Ausgabe Dezember 2011, Seite 7

[150] Vgl. zur Kritik der Ärzte Anno Fricke, Debatte um Hobbypraxen nimmt Fahrt auf, Ärzte Zeitung vom 20.04.2012

5. Flexiblere Therapieformen

Die individuelle Langzeittherapie in Form einer tiefenpsychologischen Gesprächstherapie, Psychoanalyse oder Verhaltenstherapie ist die übliche Behandlungsform der Psychotherapie. Angebote wie Kurzzeit- oder Gruppentherapien oder auch psychoedukative Maßnahmen oder Kriseninterventionen werden dagegen nur selten angewandt. Eine Evaluierung dieser Möglichkeiten ist überfällig und auch erforderlich, um den Leistungskatalog der gesetzlichen Krankenversicherung entsprechend zu erweitern. Denn auch wenn sie die individuelle Psychotherapie nicht ersetzen können sind alternative Therapieformen gerade in frühen Krankheitsstadien oder in Kombination mit einer verkürzten individuellen Therapie angezeigt und vermutlich auch kostensparend.

6. Bedarfsplanung

Wissenschaftlich anerkannte Methoden zur Bedarfsplanung medizinischer Versorgungsleistungen sind derzeit nicht bekannt[151]. Auch der Behandlungsbedarf an Psychotherapie lässt sich kaum ermitteln, da bei der Erarbeitung des GKV-VStG keine aktuellen umfassenden Daten zur Prävalenz und Inzidenz psychischer Erkrankungen vorlagen[152].

An aktuellem Datenmaterial konnte bei der Gesetzesentwicklung nur auf die Anträge der Versicherten auf Psychotherapie und die Abrechnungen der erbrachten Therapiestunden der Psychotherapeuten bei den Kassenärztlichen Vereinigungen zurückgegriffen werden. Repräsentative Studien jüngeren Datums lagen in der Entstehungsphase des GKV-VStG nicht vor[153]. Die letzte veröffentlichte und ausgewertete repräsentative

---

[151] Vgl. dazu: Johanna Nusken und Reinhard Busse, Technische Universität Berlin, Ansatzpunkte und Kriterien der Bedarfsplanung in anderen Gesundheitssystemen, 11.04.2011

[152] BT_Drucksache 17/2662, Seite 4

[153] BT-Drucksache 17/2662, Seite 3, Antwort der Bundesregierung auf die Kleine

Untersuchung ist der Bundes-Gesundheitssurvey 1998 (BGS98). Er stammt aus den Jahren 1998/99 und bezieht sich nur auf die erwachsene Bevölkerung zwischen 18 und 65 Jahren. Der Survey enthält ein Modul „Psychische Störungen" in dem die Inzidenzen und Prävalenzen der psychischen Morbidität und Komorbidität der Bevölkerung ermittelt wurden[154]. Daten zur Behandlung psychisch Kranker mit Psychotherapie wurden im BGS98 nicht erhoben.

Die Teilnehmer des Gesundheitssurveys 1998 wurden zu einer neuen Drei-Jahres-Studie des Robert-Koch-Instituts zur Gesundheit Erwachsener in Deutschland (DEGS) eingeladen, die von November 2008 bis Oktober 2011 lief. Bei dieser repräsentativen Studie hat es eine Zusatzuntersuchung „Psychische Gesundheit" gegeben, d.h. die Studienteilnehmer wurden zu ihren psychischen Störungen und die damit verbundenen Beeinträchtigungen befragt. Zudem wurden Fragen zur psychotherapeutischen Versorgung gestellt, um erstmalig versorgungsrelevante Daten über die Inanspruchnahme von Leistungen des Gesundheitswesens zu erhalten. Zudem bezog die Studie nunmehr Erwachsene zwischen 18 und 79 Jahren ein. Die ersten Ergebnisse der Studie wurden im Juni 2012 vorgestellt[155].

Die Bedeutung eines Demografiefaktors[156] für die Bedarfsplanung ist hinsichtlich der Versorgung mit Psychotherapie derzeit nicht absehbar,

---

Anfrage von Abgeordneten der Grünen BT-Drucksache 17/2557 – Zunahme psychischer Erkrankungen

[154] www.rki.de/degs; BT-Drucksache 17/2662, Seite 3, Antwort der Bundesregierung auf die Kleine Anfrage von Abgeordneten der Grünen BT-Drucksache 17/2557 – Zunahme psychischer Erkrankungen

[155] www.rki.de/degs; BT-Drucksache 17/2662, Seite 3, Antwort der Bundesregierung auf die Kleine Anfrage von Abgeordneten der Grünen BT-Drucksache 17/2557 – Zunahme psychischer Erkrankungen

[156] Bundespsychotherapeutenkammer, Neu Punkte für eine bessere Versorgung psychisch kranker Menschen – Position der Bundespsychotherapeutenkammer zum

da Menschen über 65 Jahren nicht in den letzten Gesundheitssurvey einbezogen waren und die Studienergebnisse der DEGS für diese Altersgruppe erst seit kurzem vorliegen[157]. Auch besteht in älteren Bevölkerungsgruppen eine geringere Akzeptanz für die Behandlung mit Psychotherapie.

Für die Ermittlung des Bedarfs an ambulanter Psychotherapie ist auch problematisch, dass psychische Erkrankungen häufig von verschiedenen Leistungserbringern wie Hausärzten, Physiotherapeuten, zum Teil gleichzeitig, behandelt werden und der Anteil der ambulanten Psychotherapie nicht gesondert ausgewiesen wird[158].

Eine Reform der Bedarfsplanung, die diesen Namen auch verdient, ist deshalb nur mit einer neuen Stichtagsregelung zur Festlegung neuer Verhältniszahlen (Einwohner-Psychotherapeut-Relation) möglich. Dabei müssen zusätzlich zu den feststellbaren Behandlungszahlen sowohl die Behandlungen im Kostenerstattungsverfahren, als auch Wartelisten sowie Therapienachfragen bei der Kassenärztlichen Vereinigungen u.ä. berücksichtigt werden. Für die demokratische Legitimation der Bedarfsplanung ist dabei wichtig, dass der Gesetzgeber diese als grundlegende Versorgungsentscheidung selbst übernimmt, und nicht wieder auf ein außerparlamentarisches Gremium wie den Gemeinsamen Bundesausschuss überträgt. Der Gesetzgeber kann sich dieser Verantwortung nicht zu Lasten der Selbstverwaltung entziehen, indem er nur pauschale Vorgaben macht. In die Bedarfsplanung sind Patientenorganisationen mit ein-

---

Versorgungsgesetz, 22.03.2011; Stellungnahme der Bundesärztekammer gem. § 91 Absatz 5 SGB V zur Änderung der Bedarfsplanungs-Richtlinie: Einführung eines Demographiefaktors, 15.04.2010

[157] Erhebung zur ambulanten psychotherapeutischen Versorgung 2010, Universität Duisburg-Essen

[158] Erhebung zur ambulanten psychotherapeutischen Versorgung 2010, Universität Duisburg-Essen

zubeziehen um zu erreichen, dass sich die Versorgung der Versicherten an ihren Bedürfnissen orientiert und nicht vorrangig am Grundrecht der Berufsfreiheit der Ärzte und anderer Leistungserbringer sowie deren Einkommensinteressen[159].

7. Qualität der Versorgung

Das GKV-VStG setzt sich nicht mit der Sicherung der Qualität der Psychotherapie auseinander. Regelmäßige Qualitätsprüfungen sollten aber gerade in der Psychotherapie gesetzlich festgeschrieben werden. Als Qualitätsmaßstab können dabei die Behandlungsleitlinien der psychiatrischen Fachgesellschaften dienen[160]. Auch die wissenschaftlichen Institute der Krankenkassen haben in der Vergangenheit immer wieder die Behandlung mit Psychotherapie ausgewertet und könnten ihr Wissen einbringen.

Auch eine systematische, empirische Forschung zu Behandlungsfehlern in der Psychotherapie fehlt bislang[161]. Insbesondere diagnostische Fehler und unzweckmäßiges methodisches Vorgehen stellen in der Psychotherapie häufige Behandlungsfehler dar. Gerade im sensiblen Bereich der Psychotherapie, in der die Versicherten (krankheitsbedingt) noch weniger als bei anderen Behandlungen in der Lage sind, selbst die Qualität ihrer Behandlung einzuschätzen, muss die Qualitätsprüfung fester Bestandteil einer bedarfsgerechten und patientenorientierten Versorgung

---

159 Vgl. dazu auch Verbraucherzentrale Bundesverband, Abbau von Über-, Unterund Fehlversorgung – Den Blick auf den Bedarf der Patienten richten, Positionspapier des Verbraucherzentrale Bundesverbandes zum Eckpunktepapier zum Versorgungsgesetz, 5. Mai 2011; Christina Tophoven, Versorgung psychisch kranker Menschen – Herausforderungen für eine Reform der Bedarfsplanung, Neue Zeitschrift für Sozialrecht, 2011, Seite 18 ff

160 Pressemitteilung der Bundespsychotherapeutenkammer vom 10.06.2011

161 Barbara Lieberei/Michael Linden, Unerwünschte Effekte, Nebenwirkungen und Behandlungsfehler in der Psychotherapie, ZEFQ 2008/558

sein[162]. Die Besonderheiten multimorbider Versicherter und der sektorübergreifenden Versorgung sind dabei angemessen zu berücksichtigen.

8. Sektorübergreifende Versorgung und Befugniserweiterung für psychologische Psychotherapeuten

Das GKV-VStG ebnet den Weg zu einer Ausweitung der sektorübergreifenden Versorgungsplanung in der Versorgung psychisch Kranker jenseits von Modellvorhaben.

Die Verordnung von Heilmitteln, wie z.B. Ergotherapie und Maßnahmen zur Rehabilitation sowie die Entscheidung über eine stationäre Versorgung mit Psychotherapie, kann jedoch in einer sektorübergreifenden Versorgung nicht mehr nur ärztlichen, sondern muss auch psychologischen Psychotherapeuten möglich sein. Es gibt keinen sachlichen Grund für diesbezügliche Beschränkungen in § 72 SGB V, so dass den Forderungen des Berufsverbandes der psychologischen Psychotherapeuten zur Befugniserweiterung und Aufhebung der Beschränkungen durch § 72 SGB V gefolgt werden sollte, um eine umfassende Versorgung psychisch Kranker zu gewährleisten – nicht allein durch Psychotherapie, sondern im notwendigen Behandlungsumfang von den Psychotherapeuten selbst[163].

9. Fazit

Einige der dargestellten Ansätze wie z.B. die Reform der Bedarfsplanung und der Ausbau der integrierten Versorgung sind geeignet zur Verbesse-

---

[162] BT-Drucksache 17/2662, Seite 13

[163] Bundespsychotherapeutenkammer, Neun Punkte für eine bessere Versorgung psychisch kranker Menschen, Position der Bundespsychotherapeutenkammer zum Versorgungsgesetz, 22.03.2011

rung der medizinischen Versorgung bei psychischen und körperlichen Erkrankungen beizutragen. Andere wie z.B. Prävention und Qualitätssicherung bedeuten letztlich nur, dass für andere Krankheitsbilder bzw. Behandlungsarten bereits Bewährtes auch für die Versorgung mit Psychotherapie eingeführt wird.

Grundlegende Ansätze, die die Besonderheit der Versorgung mit Psychotherapie berücksichtigen und entscheidend zu einer Verbesserung der Versorgung mit Psychotherapie hätten beitragen können, wie z.B. die Zulassung nach Therapiestunden statt Vertragsarztsitzen, flexiblere Therapieformen und die Befugniserweiterung für psychologische Psychotherapeuten werden aber nicht umgesetzt

Dies zeigt, dass eine deutliche Verbesserung der Versorgung mit Psychotherapie nur erreicht werden kann, wenn bei weiteren Gesetzen zur Entwicklung der Versorgungsstruktur nicht vorrangig die ambulante ärztliche Versorgung berücksichtigt wird, sondern konkret auf die Besonderheiten der Versorgung mit Psychotherapie, unter stärkerer Einbeziehung der psychologischen Psychotherapeuten, eingegangen wird.

Literatur- und Quellenverzeichnis

Antwort der Bundesregierung auf die Kleine Anfrage von Abgeordneten der Grünen Bundestagsdrucksache 17/2557 – Zunahme psychischer Erkrankungen, 2012

Antwort der Bundesregierung auf Kleine Anfrage der Abgeordneten Hilde Mattheis, Bärbel Bas, Iris Gleicke, weiterer Abgeordneter und der Fraktion der SPD, Deutscher Bundestag, Bundestags-Drucksache 17/4643, 2011;

AOK Ärzteatlas 2011

AOK im Dialog – Verfechter regionaler Lösungen, Gesundheit und Gesellschaft, Ausgabe 11/11

BKK_Bundesverband, Die BKK Ausgabe 12/2011, „Viele Paragraphen – wenig Wirkung"

Brähler, E. u.a.: Ambulante Psychotherapie in Deutschland aus Sicht der PatientInnen – Versorgungssituation und Ergebnisse, 2011

Braun, B., u.a., Meilensteine der Gesundheitspolitik, unter www.forum-gesundheitspolitik.de; 2012

Bundesärztekammer, Ärztemangel trotz steigender Arztzahlen – ein Widerspruch, der keiner ist, 2011

Bundespsychotherapeutenkammer-Hintergrund, Wartezeiten in der ambulanten Psychotherapie, 22.06.2011

Bundespsychotherapeutenkammer-Newsletter, 1/2012, Dialog mit Jürgen Matzat, Leiter der Kontaktstelle für Selbsthilfegruppen in Gießen

Bundespsychotherapeutenkammer, Versorgung psychisch kranker Menschen – Herausforderungen für eine Reform der Bedarfsplanung, Bundespsychotherapeutenkammer-Standpunkt, 06.10.2010

Bundespsychotherapeutenkammer, Neun Punkte für eine bessere Versorgung psychisch kranker Menschen, Position der Bundespsychotherapeutenkammer zum Versorgungsgesetz, 22.03.2011

Bundespsychotherapeutenkammer, Tätigkeitsbericht vom 2007 bis 2011, 2011

Bundespsychotherapeutenkammer, Stellungnahme zum GKV-VStG vom 28.09.2011

Bundespsychotherapeutenkammer, Stellungnahme vom 08.01.2008, „Mindestversorgungsanteile für psychotherapeutisch tätige Ärzte und Psychotherapeuten (§ 101 Absatz 4 Satz 5 SGB V); Auslaufen der „Quotenregelung" am 31.12.2008

Bundespsychotherapeutenkammer, Pressemitteilung zum GKV-VStG vom 10.06.2011

Bundespsychotherapeutenkammer, Ratgeber Kostenerstattung, 2012

Bundesverbandes der Angehörigen psychisch Kranker e.V. und anderer , Gemeinsame Presseerklärung, November 2011

DAK Gesundheitsreport, 2005

Deutsche Psychotherapeutenvereinigung, Pressemitteilung zum „GKV-VStG vom Bundestag verabschiedet – keine Verbesserung der psychotherapeutischen Versorgung"; 2012

Engelhard, W., Probleme des Zugangs zum System der gesetzlichen Krankenversicherung in: Vertragsarztrecht zu Beginn des 21. Jahrhunderts, Hrsg.: Deutsche Gesellschaft für Kassenarztrecht, 2010

Enquete-Kommission des 11. Deutschen Bundestages „Strukturreform der gesetzlichen Krankenversicherung", Bonn,1990

Fricke, A., Debatte um Hobbypraxen nimmt Fahrt auf, Ärzte Zeitung vom 20.04.2012

Gerlinger, T. und Schönwälder, T.: Gesundheitsreformen in Deutschland 1975 – 2007, Bundeszentrale für politische Bildung, www.bpb.de, 2012

Gesetzesbegründung zum GKV-VStG, Bundestags-Drucksache 17/6906

Gesundheitspolitischer Informationsdienst, Nr 6, 9.3.2012, „Auseinanderdividiert – Die Psychotherapeuten als Verlierer der Regionalisierung";

GKV-Spitzenverband, Pressemitteilung vom 29.11.2011

Grobe, Thomas G., GEK-Report ambulante Versorgung 2007

Kassenärztliche Bundesvereinigung, Pressemitteilung vom 16.01.2012

Köhler, A., Neuausrichtung der Bedarfsplanung für eine gute Zukunft der ambulanten ärztlichen Versorgung vom 06.01.2012, www.KBV.de/40652.html

Konitzer, M., GKV-Versorgungsstrukturgesetz (GKV-VStG), 19. Deutscher Psychotherapeutentag, 12.11.2011 (Folienvortrag)

Kopetsch, „Geregelt wird nur die Verteilung", Deutsches Ärzteblatt online vom 06.05.2005, www.aerzteblatt.de/aufsaetze/0505

Kruse, J.; Herzog, W., Gutachten für die Kassenärztliche Vereinigung mit dem Thema: „Zur ambulanten psychosomatischen/psychotherapeutischen Versorgung in der kassenärztlichen Versorgung in Deutschland – Formen der Versorgung und ihre Effizienz, 2012

Leber, W., Steuerung der Versorgung durch qualitätsbezogene Vergütung aus Sicht der Krankenkassen, in: Vierteljahreszeitschrift für Sozialrecht, September 2010

Lieberei, B., Linden, M., Unerwünschte Effekte, Nebenwirkungen und Behandlungsfehler in der Psychotherapie, Zeitschrift für Evidenz, Fortbildung und Qualität im Gesundheitswesen, 2008/558

Neumann, Volker, Das medizinische Existenzminimum, Neue Zeitschrift für Sozialrecht, 2006, Seite 393 ff

Nusken, J., Busse, R., Ansatzpunkte und Kriterien der Bedarfsplanung in anderen Gesundheitssystemen, Im Auftrag der Bundesärztekammer, 2011

Online-Befragung der Stiftung-Warentest, 2012 unter www.stiftung-warentest.de

Gesundheitssurvey 2012, www.rki.de/degs

Schwarz, H., Das Psychotherapeutengesetz aus Sicht der Psychologischen Psychotherapeuten in: Vertragsarztrecht zu Beginn des 21. Jahrhunderts, Hrsg.: Deutsche Gesellschaft für Kassenarztrecht, 2010

Tophoven, C., Versorgung psychisch kranker Menschen – Herausforderungen für eine Reform der Bedarfsplanung, Neue Zeitschrift für Sozialrecht, 2011, Seite 18 ff

Verband der Ersatzkassen e.V. (vdek), Stellungnahme zum Entwurf eines Gesetzes zur Verbesserung der Versorgungsstrukturen in der gesetzlichen Krankenversicherung - GKV-Versorgungsstrukturgesetz - GKV-

VStG - anlässlich der Anhörung vor dem Gesundheitsausschuss des Deutschen Bundestages, 19.10.2011

Verband der Ersatzkassen Schleswig-Holstein, Die Ersatzkasse, Ausgabe April 2012,

Verband der Ersatzkassen, Die Ersatzkasse, Schwierige Versorgungssituation bei psychisch Kranken, Dezember 2011, Seite 7

Verband der Ersatzkassen, „Schwierige Versorgungssituation bei psychisch Kranken" in: Die Ersatzkasse Ausgabe Dezember 2011

Verbraucherzentrale Bundesverband, Stellungnahme zum GKV-VStG, Abbau von Über-, Unter- und Fehlversorgung – Den Blick auf den Bedarf der Patienten richten, 05.05.2011

Waldherr, B., Ein Vierteljahrhundert bis zum Psychotherapeutengesetz, Bayerisches Ärzteblatt, März 2003

Walendzik, A., Rabe-Menssen, C., Lux, G., Wasem, J. & Jahn,R., Gesamtstudie – Erhebung zur ambulanten psychotherapeutischen Versorgung, 2011; Herausgegeben von der Deutschen Psychotherapeutenvereinigung und dem Alfried Krupp von Bohlen und Halbach-Stiftungslehrstuhl für Medizinmanagement, Universität Duisburg-Essen

Wallrabenstein, A., Vortrag am 12.04.2011 vor der Deutschen Gesellschaft für Kassenarztrecht, veröffentlicht in Zeitschrift für Medizin- und Gesundheitsrecht, Ausgabe 4/2011, Seite 197 ff

Wartensleben, H., Engpässe bei der Versorgung ambulanter Patienten – aus der Sicht des Anwalts, Zeitschrift für Evidenz, Fortbildung und Qualität im Gesundheitswesen, Seiten 375-378; 2010

Wenner, U., Engpässe bei der medizinischen Versorgung ambulanter Patienten aus Sicht des Richters, Zeitschrift für Evidenz, Fortbildung und

Qualität im Gesundheitswesen, Seiten 378-385; 2010

Wittchen, J.,u.a., Die Epidemiologie psychischer Störungen in Deutschland, 2001;

http://www.psychologie.tu-dresden.de/i2/klinische/mitarbeiter/publikationen/jacobi-p/Wittchen-HH-290903.pdf

SCHRIFTENREIHE MASTERSTUDIENGANG CONSUMER HEALTH CARE

herausgegeben von Prof. Dr. Marion Schaefer

ISSN 1869-6627

Sie haben die Wahl:

Bestellen Sie die *Schriftenreihe*
Masterstudiengang Consumer Health Care
einzeln oder im **Abonnement**

per E-Mail: vertrieb@ibidem-verlag.de | per Fax (0511/262 2201)
als Brief (*ibidem*-Verlag | Leuschnerstr. 40 | 30457 Hannover)

Bestellformular

☐ Ich abonniere die *Schriftenreihe Masterstudiengang Consumer Health Care* ab Band # ____

☐ Ich bestelle die folgenden Bände der *Schriftenreihe Masterstudiengang Consumer Health Care*

____ ; ____ ; ____ ; ____ ; ____ ; ____ ; ____ ; ____ ; ____ ; ____

Lieferanschrift:

Vorname, Name ....

Anschrift ....

E-Mail.. | Tel.: ....

Datum .... | Unterschrift ....

Ihre Abonnement-Vorteile im Überblick:

- Sie erhalten jedes Buch der Schriftenreihe pünktlich zum Erscheinungstermin – immer aktuell, ohne weitere Bestellung durch Sie.
- Das Abonnement ist jederzeit kündbar.
- Die Lieferung ist innerhalb Deutschlands versandkostenfrei.
- Bei Nichtgefallen können Sie jedes Buch innerhalb von 14 Tagen an uns zurücksenden.

ibidem-Verlag

Melchiorstr. 15

D-70439 Stuttgart

info@ibidem-verlag.de

www.ibidem-verlag.de
www.ibidem.eu
www.edition-noema.de
www.autorenbetreuung.de

www.ingramcontent.com/pod-product-compliance
Lightning Source LLC
Chambersburg PA
CBHW050536270326
41926CB00015B/3261